Das Schicksal manipulieren?

Zeichen der Zeit

8

Schriftenreihe, herausgegeben von der
Sozialwissenschaftlichen Forschungsgesellschaft
Stuttgart e.V. (Initiative für die Dreigliederung
des sozialen Organismus)

Das Schicksal manipulieren?

Über die Technisierung von Geburt und Tod

Mit Beiträgen von Wolfgang Schad, Peter Petersen,
Werner Hassauer, Hans Müller-Wiedemann,
Lore Deggeller, Michaela Glöckler

Verlag Freies Geistesleben

CIP-Kurztitelaufnahme der Deutschen Bibliothek

Das Schicksal manipulieren?: Über d. Technisierung
von Geburt u. Tod / mit Beitr. von Wolfgang Schad . . . –
Stuttgart: Verlag Freies Geistesleben, 1986.
(Zeichen der Zeit; 8)
ISBN: 3-7725-0883-9
NE: Schad, Wolfgang [Mitverf.]; GT

Einband: Walter Krafft
© 1986 Verlag Freies Geistesleben GmbH, Stuttgart
Gesamtherstellung: Greiserdruck, Rastatt

Inhalt

Vorbemerkung des Verlages ... 7

Wolfgang Schad: Die Embryonalentwicklung des Menschen als Ausdruck seiner Individualität ... 9

Peter Petersen: Manipulierte Fruchtbarkeit. Ärztlich-anthropologische Fragen neuerer Fruchtbarkeitstechniken ... 26

Werner Hassauer: Manipulation mit dem Leben. Extracorporale Befruchtung, Embryotransfer, Gentechnologie und Sterbehilfe ... 43

Hans Müller-Wiedemann: Genetik und die Gefährdung der Menschwerdung. Mit welcher Wirklichkeit wollen wir leben? ... 59

Lore Deggeller: Offene und verborgene Manipulationen um Geburt und Tod ... 84

Michaela Glöckler: Sterben und Geborenwerden – Grundlagen einer geistgemäßen Ethik ... 100

Weiterführende Literatur ... 120

Über die Autoren ... 122

Vorbemerkung des Verlages

Die in diesem Band 8 der Reihe «Zeichen der Zeit» zusammengefaßten Beiträge gehen zum Teil auf eine öffentliche Vortragsreihe zum Thema «Manipulation mit dem menschlichen Leben» zurück, die im November 1985 im Rudolf-Steiner-Haus in Stuttgart stattfand. Hinzu kamen zwei bereits in Zeitschriften veröffentlichte Beiträge und zwei Originalbeiträge.

Das gemeinsame Anliegen der Aufsätze ist es, von anthroposophischer Seite her die Problematik, die mit dem technischen Eingriff in die Geburts- und Sterbevorgänge des menschlichen Lebens gegeben ist, deutlich zu machen. Dabei wird erkennbar, daß die menschliche Individualität über die Grenzen von Geburt und Tod hinausreicht und sich ihren individuellen Eintritt in das irdische Dasein schafft, so wie sie auch auf jeweils individuell-charakteristische Weise aus dem Leben heraustritt. Die anthroposophische Geisteswissenschaft beschreibt dieses Phänomen mit den Begriffen der «Wiederverkörperung» und des «Schicksals». Sie werden hier von biologischer, psychosomatischer, medizinischer, geisteswissenschaftlicher und ethischer Seite behandelt. Dem aufmerksamen Leser wird sich dabei die Gewißheit der Existenz einer über das Irdische hinausreichenden menschlichen Individualität ergeben, die ihr Schicksal auf der Erde nicht einfach fatalistisch hinnehmen muß, sondern dieses in Freiheit gestalten kann, und die andererseits ein Freiheitsbewußtsein entwickelt, das die Bereiche des Vorgeburtlichen und Nachtodlichen mit einbezieht. Wird diese Dimension menschlichen Lebens bewußt, dann begreift man auf eine tiefere Weise als zuvor die Würde, die mit diesem Leben verbunden ist.

Die Embryonalentwicklung des Menschen als Ausdruck seiner Individualität

Von Wolfgang Schad

An der Geburt der *Embryologie* als Wissenschaft[1] waren zwei bedeutende frühe Goetheanisten beteiligt: Karl Ernst von Baer und Lorenz Oken. Karl Ernst von Baer entdeckte 1828 als erster die Eizelle bei Säugetieren. Mit der Rekapitulationsidee, die schon vor Haeckel unter den Naturforschern längst im Gespräch war[2], ging er noch zurückhaltend um. Für Oken aber war zur gleichen Zeit deutlich, daß die Ähnlichkeiten der höheren Tiere und des Menschen um so größer sind, je weiter man in ihre Embryonalzeiten zurückgeht. Er sah sogar in den Larvenformen der Lurche eine *Menschenähnlichkeit* und sprach von den Tieren als stehengebliebenen Menschenembryonen. Mit der *Umorientierung* der Evolutionsidee durch Darwin und Haeckel geschah in der zweiten Hälfte des 19. Jahrhunderts das Umgekehrte. Die propagierte Affenabstammung des Menschen ließ die Forscher nur noch auf das achten, was am Menschen *tierhaft* erscheint. Durch die Anthroposophie haben wir wieder auf das achten gelernt, was am Tier menschlich ist, ohne in billige Anthropomorphismen zu fallen.

Dazu gehört, daß auch die aufsteigende Wirbeltierreihe eine biologische Funktion nach der anderen mit ihren jeweiligen Organsystemen sich von der *Anbindung an spezielle Umwelten* lösen. Die *Fische* erreichen die primäre Zentrierung des Nervensystems und seine Abkapselung durch die Schädelknochen von allen direkten Umwelteinflüssen. Die *Lurche* bilden zusätzlich, nun in der vorderen Rumpfhöhle, eine räumlich verinnerlichte Atmungsoberfläche aus. Die *Reptilien* dichten die Hautoberfläche z. B. mit Hornschuppen gegen Wasserverlust ab und machen sich damit von der Bindung an das feuchte Milieu der Fische und Lurche unabhängig. Die *Vögel* emanzipieren darüber hinaus auch noch ihre innere Körpertemperatur von der Außenwärme.

Die *Säugetiere* als die höchststehenden Tiere haben alle diese morphologischen und funktionellen Autonomien ebenfalls und verlagern nun noch stufenweise, von den noch eierlegenden Säugetieren über die Beuteltiere zu den Plazentatieren den *Embryonalraum* in die innere Bauchhöhle des Muttertieres; *die Frühentwicklung findet nicht mehr im Umgebungsraum statt.* Der *Mensch* macht darüber hinaus in seiner Gliedmaßenorganisation durch die Aufrichtung und den besonderen Fußbau sich *unabhängig* von so *speziellen Lebensräumen,* wie sie z. B. die Affen noch brauchen. Kein Säugetier hat sich so wie er schon vorgeschichtlich über fast alle Klimate ausbreiten können.

Überblickt man diese Stufungen der Evolution, so wird anschaulich, daß der aktive *Abbau der Umweltabhängigkeiten* und nicht die passive Hinnahme der Außenfaktoren die großen Evolutionsschritte ausmacht. *Emanzipation* und *Autonomie,* die zentralen Leistungen der menschlichen Individualisierung, durchziehen schon das Tierreich. Das heißt aber nichts anderes, als daß die *Entwicklung des sogenannten Tierreiches* längst schon die *Entwicklung des Menschen* ist. Die Tiere sind stehengebliebene und sekundär der Anpassung anheimgegebene, reale Brüder des heutigen Menschen.

Dieses Ergebnis macht Wesentliches aber auch der menschlichen Embryologie verständlich. Die dem äußeren Anblick und der äußeren Einwirkung hochgradig entzogene Embryonal- und Foetalentwicklung des Menschen ist selbst unmittelbarer Ausdruck einer Entwicklungsfähigkeit, die auf Autonomie und Individualisierung ausgerichtet ist. So wollen wir nun die Frage weiter verfolgen, wie nun die menschliche vorgeburtliche Entwicklung selbst von seiner jetzigen Ich-Natur gezeichnet ist.

Dazu müssen wir allerdings die naive, alltägliche Überzeugung, das eigene bürgerliche Ich sei es schon, um das es geht, hinter uns lassen. Das Ich ist keine starr gegebene Konstante, sondern eine sich selbst treu bleibende Veränderliche. Es findet in der ersten Hälfte des Lebens zur eigenen Selbstbestimmung und erlebt in der Selbstgestaltung seiner Lebensumstände die Ausbildung der Persönlichkeitsstruktur. Dieses Wort weist durch sich selbst darauf hin, daß die wachsende Selbstgewißheit nur «per-sona», das heißt das «Durchtönte», also nur das Instrument ist, durch das das Ich sich äußert, nicht das Ich selber. Sein Geheimnis ist, daß es noch viel mehr es selbst ist, wenn es in Hingabe und in geistig warmem Interesse sich allem zuwenden kann, was es nicht selbst ist. Es wird dann zum Du für die Welt und den Mitmenschen. Beides, *Individualismus* und *Altruismus* gehören zum Ich und sind, nur abstrakt genommen, Gegensätze. Im tätigen Leben des Ich aber sind Selbstbestimmung und Selbstlosigkeit fortwährend der wechselnde geistige Atem, in dem es real lebt.

Es ist schon gelegentlich herausgestellt worden, daß von diesem wechselnden Doppelgestus die frühe Embryonalentwicklung selbst gekennzeichnet ist[3] (s. Abb. 1, S. 12). Der *zentrierte* Zellhaufen der Morula *weitet* sich zur Blastozyste, um ganz Oberfläche zu werden, *schließt sich* wieder im Embryonalknoten zusammen und *weitet* sich nach der Einnistung vermehrt in den noch mehr Oberfläche bildenden Trophoblast aus. Die *frühe Gehirnbildung* in der werdenden Leibanlage durch *Einstülpung* und *Konzentration* am Vorderende schafft die Voraussetzungen für das subjekthafte Bewußtsein. Der reiche Zottenmantel der ersten Plazentation, ja alle Hüllorgane, wie auch Fruchtblase und Dottersack, Allantois und Nabelschnur vermitteln die *Hingabe* an den mütterlichen Organismus.

So wird auf einer ersten Stufe verständlich, warum Rudolf Steiner davon sprach, daß das höhere Wesen des Menschen, sein voller Geistmensch, für kurze Zeit ein physisches Organ besitzt: die eigenen Embryonalhüllen. Indem der Mensch geboren wird und diese Hüllen als Nachgeburt physisch sterben, überschwebt das höhere Ich nur noch den Erdenmenschen lebenslang, um mit der Frucht des Erdeniches sich erst am Lebensende wieder zu verbinden.[4]

Das Hauptorgan der Nachgeburt ist der Mutterkuchen, die *Plazenta*. Dieses im höchsten Sinne zu nennende «Du-Organ» haben die höchststehenden Tiere und der Mensch gemeinsam. Die besondere Ausbildung beim Menschen zeigt eine Ich-Signa-

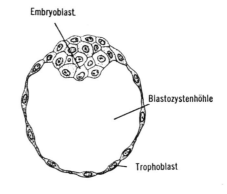

Abb. 1: *Oben:* Die menschliche Keimblase (Blastozyste) etwa 4½ Tage alt nach der Tubenwanderung vor der Einnistung. *Unten:* Der menschliche Keim um den 30. Tag mit beginnender, umfassender Zottenbildung des Trophoblasten und der sich zentrierenden Leibbildung. Alles ist kindliches Gewebe. (Aus Langman.)

tur, die im Vergleich mit den Tieren gut lesbar wird. Die planzentalen Säugetiere zeigen nämlich bei näherem Zusehen nicht nur in ihren endgültigen leiblichen Gestalten, sondern auch in den verschiedenartigen Ausgestaltungen der Plazenta jeweilige Einseitigkeiten. Was beim Menschen harmonisch ausgewogen ist, wird bei seinen tierhaft gewordenen Brüdern wie auseinandergefaltet. Die Nagetiere als die besonderen Spezialisationen der Sinnes- und Nervenorgane bilden auf direktem Wege eine kleine scheibenförmig eingegrenzte Plazenta aus. Die Plazenta der Raubtiere, einer ausgesprochen mittleren Gruppe der höheren Säugetiere, umgibt als ringförmige, in sich zurücklaufende Zotten-Zone die Mittelzone der Keimblase, so z.B. bei Katze und Hund. Die Huftiere, welche in breiter Palette die Gliedmaßen und Verdauungsorgane überspezialisieren und mit ihrer dadurch so ungebrochenen Vitalität große Leiblichkeiten aufbauen, haben vielfach allseitige, ausgedehnte, mehr oder weniger die ganze Keimblase überziehende Plazentationen.

Das ist die Ich-Natur des Menschen: alle Gegensätze im Leben in sich zu vereinigen und alles noch so Verschiedene zu einer ganzheitlichen, ganz individuellen Welt im kleinen zusammenzuschließen. Das Ich ist immer integrationsfähig.

Die menschliche Plazenta bildet nun in ihrer frühen Zeit während dem zweiten Monat, nachdem die Organbildungen im Embryo schon geschehen sind und seine eigentliche Wachstumsphase einsetzt, zuerst eine allseitige, die gesamte Keimblase überziehende Zottenhaut aus (s. Abb. 2, S. 14). Danach, am Ende des zweiten Monats verstärken sich die Zotten zur Einnistungsseite im Uterus hin und beginnen sich zur freien Uterushöhle hin zurückzubilden. Am Ende des dritten Monats ist dann die scheibenförmige Plazenta erreicht, die nun bis zur Geburt mitwächst. Die menschliche Plazenta macht so den kontinuierlichen Durchgang durch die Grundfiguren aller drei Tierplazentationen vergleichsweise durch. Nicht so sehr in einer besonderen *räumlichen Plazentagestaltung*, sondern in ihrem *zeitlichen Abwandlungsgestus*, der das, was nicht im Nebeneinander zugleich möglich ist, im Nacheinander zu seiner Zeit vermag,

Abb. 2: Gestaltwandel der menschlichen Plazentation. Aus der allseitigen, «diffusen» Plazenta entsteht in gleitendem Übergang die eingegrenzte Scheibenplazenta (Plazenta discoidalis). *Oben:* 1½ Monate, *Mitte:* Ende des 2. Monats, *unten:* Ende des 3. Monats. Zum Vergleich auf gleiche Keimblasengröße gebracht. Nur bei den Menschenaffen, nicht bei den übrigen Affen, finden sich ähnliche Verhältnisse in geringer Abwandlung.

liegt die Signatur der harmonisierenden Wirkung des wirkenden Ich in der vorgeburtlichen Menschenentwicklung.

Hilfreich ist, dabei ein weiteres zu unterscheiden. Wenn wir von dem Ich oder der Individualität des Menschen sprechen, so hat eine solche Aussage zwei ganz verschiedene Seiten. Daß der Mensch ein Ich hat, kennzeichnet alle Menschen. Das ist eine *generalisierende* Aussage, die für alle Angehörigen der Menschheit gilt. – Das Ich, konkret erfaßt, ist aber bei jedem einzelnen Menschen etwas prinzipiell völlig anderes als bei einem anderen Menschen; es ist ja gerade dasjenige, was sich nicht generalisieren läßt, was sich nicht mit dem Ich eines anderen Menschen vergleichen läßt, weil es durch keine vergleichende Typologie bezeichnet werden kann, sondern nur in der Anerkennung seines *Unverwechselbaren* und *Unaustauschbaren* bemerkbar ist.

Die *allgemeine Natur des Ich* ist seine Menschheitszugehörigkeit. Die *konkrete Natur des Ich* ist das unteilbar Individuelle. Diese Unterscheidung findet sich auch bei Rudolf Steiner[5] in den Beschreibungen der Geistvorgänge beim Inkarnationsgeschehen. Das, was den Menschen zum physischen allgemeinen Mitglied der Menschheit macht, ist im Geistigen sein «*Geistkeim*». Zwischen Tod und neuer Geburt ist nun der individuelle Wesenskern der Ausbildung dieses Geistkeimes zutiefst hingegeben. Im Augenblick der Befruchtung der Eizelle durch die väterliche Samenzelle tritt der Geistkeim des werdenden Kindes hinzu und fängt den physischen Keim ab. Dieser entstammt den beiden Keimzellen, welche aber selbst stark chaotisiert sind. Wie ist das zu verstehen?

Ei und Samenzelle stammen bei den höheren Tieren und den Menschen immer von verschiedenen Individuen. Im Allgemeinen ist solch eine Verschmelzung oder Verwachsung von Zellen oder Zellgewebe nicht möglich. Die hohe Eiweißindividualität in jedem menschlichen Organismus macht gerade ihn ja bekanntlich zum schwierigsten Objekt von Organtransplantationen. Daß Ei und Samenzelle tatsächlich verschmelzen können, besagt damit zugleich, daß die individuelle Eiweißorganisation destruiert ist. Physiologisch demonstriert der Befruchtungsvorgang selbst, was Rudolf Steiner oftmals als die Chaotisierung des Keimzell-Eiweißes charakterisiert hat. Dadurch aber ist erst möglich, daß ein ganz neuer Individualisierungsprozeß bis in die biologische Substanz hinein bei Ausbildung eines menschlichen Embryos stattfinden kann. Dabei wird mit und direkt nach der Befruchtung noch nicht das individuelle Ich des der Inkarnation sich nähernden Kindes, sondern der von diesem Ich zwar individuell tangierte und doch in erster Linie menschheitlich ausgerichtete Geistkeim für die *Gestaltfindung des physischen Leibes* wirksam. Das Wesen des Geistkeimes ist ein so allgemein Menschliches, daß es sogar möglich sein kann, daß der Geistkeim in der geistigen Welt von einem anderen Ich stellvertretend vorbereitet werden kann, um der physischen Anlage im Augenblick der Konzeption das geistige Urbild des Menschseins voll einzuprägen. Höchste, *die ganze Menschheit umfassende Geistvorgänge* sind an dem allerfrühesten embryonalen Geschehen beteiligt.

In frühen Vorträgen[6] schildert Rudolf Steiner die geistige Seite der Elternsuche so, daß das *individuelle Ichwesen* des sich ankündigenden Kindes sich bald nach der Konzeption mit der physischen Keimanlage endgültig verbindet. Je höher das Ich sich in früheren Erdenleben entwickelt hat, desto eher wird es sich mit dem Leibeskeim nun verbinden können. Je weniger es sich bisher entwickeln konnte, desto später liegt der Zeitpunkt. Gegen Ende der dritten Embryonalwoche, um den 18. bis 21. Tag, findet spätestens diese endgültige Verbindung zwischen dem geistigen Wesenskern und der Leibesanlage statt. Bei den höchstgestellten Individualitäten der Menschheit hingegen geschieht bei ihrer Inkarnation nichts, bei dem sie nicht von vorneherein geistig beteiligt sind. Die Verbindung des Ich mit der Leibanlage geschieht dann zugleich mit der des Geistkeims im Augenblick der Konzeption selbst.

Embryologisch zeigt sich, daß die Bildevorgänge um den 15. bis 18. Tag sich nur wenig verändern, sich dann aber zum Ende der dritten Woche durch die einsetzende Medullarrinnenbildung und Nervenrohrbildung als künftige Grundlage des individuellen

Bewußtseins auffällig beschleunigen. Sofort setzt die Herzschlaufenbildung ein. Ab dem 22. Tag schlägt die Herzanlage. Rasch werden auch die Leber und dann alle weiteren Organe anlagemäßig im Verlauf der vierten Woche gebildet.

Bei der Erforschung dieser frühesten Organbildevorgänge fiel auf, daß die zur Untersuchung gekommenen Keimlinge bei bekanntem Alter sich nicht in eine einfache Entwicklungsreihe einordnen ließen, wie es bei der schon erforschten Embryologie der Frühstadien des Rhesusaffen möglich geworden war.[7] Für denselben konnte man zeitliche Normentafeln gesichert aufstellen. Beim Menschen waren die *Entwicklungsunterschiede* zu Beginn der vierten Woche so stark, daß man fälschlicherweise sogar vermutete, es mit pathologischen Entwicklungen zu tun zu haben; bis man bemerkte, daß gerade die *individuelle Variabilität im Zeitgestus das Menschenspezifische* dieser Stadien ist. Gleichalte Embryonen dieser Zeit können, ganz normal, verschieden weit entwickelt sein. In diesem Unterschied zur normierten Affenentwicklung zeichnet sich eine weitere Wirkung der menschlichen Individualisierung in der Embryonalentwicklung ab.

Mütter und auch Väter, wenn sie dabei sein konnten, haben schon immer erfahren, wie wesensentsprechend und geradezu charaktertypisch der Geburtsverlauf für jedes Kind ist, wenn sie nur darauf geachtet haben. Aber auch darüber hinaus kann allein schon die Biologie des menschlichen Neugeborenen von ihrer allgemeinen Ich-Signatur her beschrieben werden. Bevor wir die *Leibwirkungen des Ich* dazu ins Auge fassen, sei die *seelische Wirkung* desselben angesprochen. Das menschliche Seelenleben ist bekanntlich weit mehr als das der Tiere fähig, das *gegenwärtige Bewußtsein auf die Vergangenheit und Zukunft auszudehnen*. Nicht nur in der Eigenbiographie sammeln wir bleibende Erfahrungen, aus denen wir lernen, sondern auch die Kulturschätze von früheren Jahrhunderten und Jahrtausenden der Menschheitsgeschichte kann sich das Ich aktiv aneignen. In die Zukunft planen wir sowohl kurzzeitig als auch langfristig, wenn wir das Leben menschenwürdig gestalten wollen. Ja die Kernkrafttechnik zwingt uns, für künftige Jahrhunderttausende die Verantwortung zu akzeptieren und unser jetziges Handeln davon abhängig zu machen, wovon wir wollen, was dann sein wird.

Bei den uns nah verwandten Tieren gibt es ein Lernen aus der bisherigen Lebenserfahrung und auch manche Erwartungshaltungen für die kommende Zeit. In Wirklichkeit sind auch sie ja – wenn auch stehengebliebene – Menschen und zeigen diesen Tatbestand durch die geringere, eingeschränkte Umgreifung von Vergangenheit und Zukunft. Zumeist aber geht das Tier vorwiegend kurzschlüssig im Gegenwartsaugenblick auf und zeigt darin den Verlust der menschlichen Sphäre. Lernvermögen und Zukunftserwartung sind so auch noch am ehesten beim jungen und kaum noch beim alten Tier vorzufinden.

Daß Vergangenheit, Gegenwart und Zukunft gleichzeitig im Menschen vergegenwärtigbar sind, das charakterisiert ihn *nicht nur seelisch, sondern auch biologisch.* Das ist nirgends besser abzulesen als gerade am neugeborenen Menschenkind. Sein *Nerven-Sinnes-System* ist schon *vor der Geburt so reif,* daß allein danach die Geburt schon zwei Monate eher stattfinden könnte. Daß Siebenmonatskinder schon immer auch ohne die heutigen technischen Hilfsmittel gelegentlich überleben konnten, hängt damit zusammen. – Das *Stoffwechselsystem und besonders die Gliedmaßenorganisation* ist aber bei der Geburt physiologisch noch in einem regelrechten *Fötalzustand.* Mehrere Monate muß eine besondere Übergangsnahrung geboten werden: die Muttermilch. Ein ganzes Jahr braucht es im Durchschnitt bis die vergleichbare Gliedmaßenreifung und damit das aufrechte Stehen und Gehen erreicht ist. – *Direkt mit der Geburt,* nicht früher und nicht später, also gerade im entscheidenden Zeitmoment werden die *rhythmischen Organfunktionen* reif: die Lunge weitet sich, die Herzscheidewand schließt sich, der rhythmische Mensch wird mit der Geburt geboren.

So betrachtet ist die Dreigliederung des menschlichen Organismus die direkte Folge seiner *Dreizeitigkeit. Nerven-Sinnes-System, rhythmisches System* und *Stoffwechsel-Gliedmaßen-System* entwickeln sich nicht gleich schnell, sondern in ganz verschiedenen Tempi. Diese «Verschiedenzeitlichkeit» (Heterochronie) der Organsysteme ist bei keinem neugeborenen Säugetier so groß wie beim Menschen. Der neugeborene Mensch ist physiologisch für den Kopf ganz normal eine Spätgeburt, für die mittlere Leibesorganisation eine volle Normalgeburt und für die Gliedmaßen eine echte Frühgeburt. Er zeigt unter der Geburt, daß gleichsam drei verschieden alte Menschen zugleich da sind. *Weitgediehene Vergangenheit, voll ergriffene Gegenwart* und *keimhafte Zukunft* sind *organologisch gleichzeitig anschaubar.* Seine Leibesorganisation ist wie seine Seelenorganisation Wirkung seines zeitenübergreifenden Iches.

Nur weil man davon nichts weiß und die wortlose und doch alles sagende «Körpersprache» des neugeborenen Menschen nicht zu lesen vermochte, konnte man dazu übergehen, dem Menschen seine *individuelle Geburtsstunde* zu nehmen. In vielen hochtechnisierten Krankenhäusern wird nur zweimal in der Woche entbunden, durch Wehenhormone und Anti-Wehenhormone werden die *Geburtstermine technisch bestimmt* und das ganze noch für sozial gehalten, weil das Personal z. B. nachts und an den Wochenenden weitgehend Freizeit hat. Das ist nur sozial, wenn das Kind zur Sache gemacht wird. Wenn Rilke dichtete: «O Herr, gib jedem seinen eigenen Tod», so muß man heute zu diversen Halbgöttern sagen: «O Herren, laßt jedem Kind seine eigene Geburt.» Der Eingriff des Arztes in das natürliche Geschehen ist selbstverständlich schicksalsgegeben dann berechtigt, wenn der Geburtsvorgang pathologisch zu werden droht. Diese Selbstverständlichkeit darf aber kein Gegenargument gegen die spontane gesunde Geburt mehr sein.

Sehr viel schwerwiegender noch wird heute die *künstliche Insemination* und *extrakorporale Befruchtung* empfunden und diskutiert. Für das kartesianische, positivistische Menschenbild gibt es dabei keine Handlungsbarrieren, ebensowenig wie für die Genkartierung, Genchirurgie und Mengenproduktion artgleicher Menschen (Klonieren). Auf dieser Ebene ist kein Grund zu finden, warum nicht auch menschliche Selektion, Völker- und Rassenausmerzung denkbar sein sollen, wenn ein gesellschaftlicher Konsens oder zumindest ein Konsens der Fortpflanzungsbiotechniker darüber, was lebenswürdig ist und was nicht, hergestellt ist. Was der deutsche Faschismus mit der Einrichtung «Lebensborn» schon begann (hier wurde im Auftrag des Staates von Ritterkreuzträgern mit blonden Sportlerinnen für den Führer die «Aufnordung» vorgenommen), wirkt heute geradezu provinziell gegenüber den Konzepten der Fortpflanzungsstrategen von heute[8]. Die kulturelle Ursache liegt auf den ersten Blick in der Profanierung der menschlichen Sexualität seit Freud, auf den zweiten Blick aber sind Freud und viele seiner Schüler weitgehend einseitige Reflexe auf den jahrhundertealten Anspruch der katholischen Kirche, den Menschen auf diesem Gebiet vorzuschreiben, was moralisch sei. Die Hohlheit dem Menschen nicht nachvollziehbarer Dogmen verursachte deutlich verfolgbar den Materialismus.

Das *unbefangene Menschenverständnis* entdeckt die Dreizeitigkeit des neugeborenen Organismus. Es lernt damit, in dem heutigen Bewußtsein entsprechender Weise, den Menschen als einen Abglanz des *Geheimnisses der Trinität* selbst zu betrachten. Es bemerkt diese Zeitumfänglichkeit auch im menschlichen Seelenleben, wie schon angedeutet worden ist. Die tiefsten Sinnfragen, die der Mensch an den Toren von Geburt und Tod immer aufs neue aus seinem innersten Ich nur selbst stellen kann, führen zu der Entdeckung, daß er im Erdenleben als Geistwesen immer zugleich schon Angehöriger dreier verschiedener geschichtlicher Zeiten ist. Seine *geistigen Begabungen, Talente und Fähigkeiten,* die ihm jetzt zufallen, hat er sich in einem *vorhergehenden Leben* erübt. Die letzte Inkarnation ist darin in ihm noch jetzt präsent. Was er nun hier im Leben *übt* und *lernt* und zum Erfolg führen kann, läßt ihn das *jetzige Leben* ausschöpfen. Was er *versucht, wünscht* und *hofft* und doch in diesem Leben nicht verwirklichen kann, diese unerfüllten *Willenskeime,* sie befähigen ihn für ein *künftiges Leben* und schenken ihm dort neue Talente.

So ist es auch mit der Geschlechterliebe. Vollmenschlich verehrt und liebt sie im anderen Menschen dasjenige, was man selbst in diesem Leben nie sein kann; weil man aber auf der Suche danach ist, wird man es im nächsten Leben zumeist selbst. Die Geistseite menschlicher Sexualität ist immer zugleich eine Vorbereitung für das künftig ganz Andere.

Erst unter diesen anthroposophischen Erkenntnissen wird einschätzbar, was künstliche Insemination und extrakorporale Befruchtung darstellen. Über die Ethik dieser Haltungen ist am äußeren technischen Vorgang nichts abzulesen. Entscheidend ist die Motivfrage. Welche Motive sind Beweggründe für das Handeln der beteiligten Eltern und des Arztes? Warum wird denn ein Kind gewollt? Doch sicherlich nicht, um die Volksmenge zu vermehren, da man nichts dabei findet, daß 80 Prozent der legalisierten Abtreibungen als sogenannte soziale Indikationen gelten. Was sind denn die Motive zum Kind? Erwerb eines Stammhalters? Verschönerung des sonst so leicht sinnleer erscheinenden Alltags? Das Kind also als Sinngebung eigener Sinnleere? Oder als Ehekitt? Wo beginnen die selbstlosen Motivationen? Will man einem Kind sinnvoll ins Leben helfen, nicht für sich, sondern für das Kind das Kind haben zu können? Der holländische Arzt Verbrugh[9] hat offen davon berichtet, wie werdende Eltern die Nähe des sie suchenden Kindes gespürt haben. Wäre das, worüber heute noch schwer zu sprechen ist, gegeben und allein eine Tubenverklebung das Hindernis, sähe die ethische Seite der extrakorporalen Befruchtung anders aus. Liebe und Gewißheit aller *drei* zueinander Gehörigen kann erst die Voraussetzung sein. Aber ist das menschliche Bewußtsein schon soweit? Können wir den Umgang mit der geistigen Welt der Ungezeugten schon einbeziehen, wo wir den Umgang mit den Verstorbenen verlernt haben? Der Zugang und Umgang mit dem Übersinnlichen ist die notwendige andere Seite, wenn man die medizinische Fortpflanzungstechnik in das menschliche Leben einbeziehen will. In der Mehrzahl wird diese dann nicht mehr nötig sein, weil die Motivseite sich klärt. Hierüber haben aber die konkreten Menschen in aller ehrlichen Selbsterkenntnis selbst zu entscheiden und nicht mehr die Kirchen.[10]

Wenn das nicht klar gesehen wird, wird die menschliche Bevölkerung in Zukunft wie die Rinder auf unseren Weiden gezüchtet werden. Die heutigen sind weitgehend durch die künstliche Insemination der Tierärzte gezeugt worden, und sie werden immer mehr durch Implantationen eingefrorener Keime zur Entwicklung gebracht werden. Warum nicht auch beim Menschen für die Verbesserung der Erbsubstanz sorgen?

Die Ursachen für die Bereitschaft, Menschen wie Tiere zu züchten, liegt technisch in der naturwissenschaftlichen Analyse, liegt geistig – so schockierend das heute oftmals noch klingt – bei der katholischen Kirche. Sie hat auf dem Konzil von Konstantinopel 869/870 dem Menschen nur Leib und Seele zugesprochen und die geistige Individualität, von der noch Paulus als dem «Pneumatikos» sprach[11], nicht einmal mehr erwähnt. Das Reïnkarnationsverständnis, das im Alten und Neuen Testament mehrfach aufleuchtet, wurde von ihr auf den Konzilien 552, 1274, 1439 und dann nochmals 1915 abgelehnt. An die Stelle individuell verantworteten Geistes wird die Autorität der Kirche gesetzt. Damit ist dem modernen Bewußtsein die volle Selbsterkenntnis des Menschseins soweit versperrt, wie diese Tradition wirkt, und an die Stelle der unbefangenen Selbsterkenntnis tritt die scheinbar befreiende Prämisse, es im Erkennen nur noch mit sinnlichen Tatsachen zu tun zu haben: der Materialismus. Derselbe kann von sich aus den Menschen nur als Zufallsprodukt von Genkombination und Milieufaktoren interpretieren und kennt ebensowenig wie die Kirche die geistige Ichnatur jedes Menschen. Sie aber läßt sich nicht aus Leib und Seele ableiten und nicht auf einen Biologismus reduzieren. Sie geht nicht aus Vererbung und Umwelt, nicht aus «Blut und Boden» hervor. Das Ich ist ein Aktivum, ja das Aktivste im Menschen. Denn Geist ist Tätigkeit. So steht das Ich tätig zum leiblichen Erbteil und nimmt selbstaktiv die Umwelt an. Es hat sich vorgeburtlich die Vorfahrenreihe, das Elternpaar, den geschichtlichen Augenblick und den historischen Ort, Erbstrom und Umwelt, aus der Schicksalsordnung der geistigen Welt zutiefst selbst gewählt und nimmt beide Seiten als Kind deshalb ungebrochen an. Die Menschenmacher werden sich wundern, wieviele Einsteine sie werden züchten können. Eine Redakteurin der Wochenzeitschrift «Die Zeit» hat sich in den 60er Jahren einmal die Mühe gemacht, alle noch auffindbaren Kinder, die dem Münchner Lebensborn entstammten, ausfindig zu machen und zu interviewen. Die damals in der Mitte ihrer 20er Jahre stehenden Zeitgenossen zeigten durchaus nichts von dem gewünschten Charakter besonderer Übermenschen, sondern waren hochgradig unauffällig.

In den letzten Jahren ist in öffentlichen Vorträgen von anthroposophischen Autoren davon gesprochen worden, daß die technische Menschenzeugung Scheinmenschen hervorbringen wird, die äußerlich wie Menschen aussehen, aber kein Ich in sich tragen. Es finden sich in den Darstellungen Rudolf Steiners dreimal Hinweise auf die Existenz ichloser Menschen. Wie aber soll eine so schwerwiegende Frage vom diesseitigen Bewußtsein her behandelt werden? Wer will darüber entscheiden? Wo beginnt hier die Gefahr, wieder zwischen Voll-, Halb- und Unmenschen zu unterscheiden? Wird damit sogar möglich, mit Menschen wieder umzugehen wie mit ichlosen Tieren? Kann man durch Züchtung menschlicher Leiber geradezu verhindern, daß sich das individuelle Geistwesen eines Iches mit einer solchen Leibesanlage verbindet? Sind unindividuelle «Menschen» als solche identifizierbar? Woran ist die Ichnatur des Menschen eindeutig erkennbar? Ist nicht alles, was Menschenantlitz trägt, ichberührter Mensch? Kann sich die menschliche Leibgestalt wie sie sich ab dem Ende der dritten Woche entwickelt, ohne die endgültige Beteiligung eines Iches überhaupt ausbilden? Wer kann denn über das Vorhandensein eines Iches sicher befinden?

In seiner frühesten anthroposophischen Schrift, der «Theosophie», berichtet Rudolf Steiner davon, wie dem Geistesforscher der Lebensleib und der Empfindungsleib auch am anderen Menschen übersinnlich erfahrbar ist. Der geistige Wesenskern, die «Seele in der Seele», das Ich aber bleibt auch ihm unwahrnehmbar. Es gehörte in das *innere Allerheiligste* jedes Menschen, ein Ausdruck, den Rudolf Steiner da von Jean Paul übernimmt. Wer von uns will dann über das Ich eines anderen Menschen richten? Wir sprechen zwar leichthin von ichschwachen oder ichstarken Kindern oder Erwachsenen. Aber ist dieser Sprachgebrauch nicht selbst schon fragwürdig? Bei näherem Zusehen ist dabei meist gar nicht eine Aussage über das Ich gemeint, sondern über die Art und Weise, wie sich das Ich durch das Instrument seines Leibes äußern kann. Was soll ein Beethoven mit einem verstimmten Klavier? Wenn dabei keine gute Musik herauskommt, liegt es nicht am fehlenden Genie. Wie soll er noch komponieren, wenn das Gehör des Leibes taub geworden ist? Die Hüllennatur des Menschen kann beurteilt werden, nicht das Ich selber. Es ist nicht einmal erziehbar.

Wir haben eingangs schon davon gesprochen, daß das leibgebundene Ichbewußtsein gar nicht das wahre Ich ist. Das volle höhere Ich, das von Inkarnation zu Inkarnation geht, es ist überhaupt nur während der Embryonalentwicklung, und noch wie im Nachklang in den ersten drei Lebensjahren am Inkarnationsgeschehen beteiligt. Auch wir sogenannten normalen Menschen sind von da an in unserem Tagesbewußtsein mehr oder weniger farbige Schattenwürfe des eigentlichen Iches, gebrochen im Prisma unserer Hüllen. Die größere oder geringere Ferne von seinem wahren Wesen in allen Übergängen charakterisiert den Menschen selbst, wie er ist. Gilt nicht für jeden Menschen, daß er, die geistgeschenkten Augenblicke seines Lebens ausgenommen, eben oftmals nicht die volle Ichverfügbarkeit besitzt? Vielleicht am wenigsten, wenn wir über andere Iche urteilen wollen. Das ist doch das geistige Lebensblut der anthroposophischen Sozialfelder in Erziehungskunst und Heilpädagogik, daß bewußt wird, daß selbst beim Schwerstbehinderten die «massa carnis» noch vom Hauch der Individualität überweht ist. Gerade darin besteht die beste Ichkraft, dem in seinen Hüllen hilflosen Menschen zu helfen. Das muß auch für künstlich gezeugte Menschen gelten. Sollten sich mit ihnen die heilpädagogischen Heime füllen, so werden sie unsere Aufgabe sein. Ihre Leiber hätten gar nicht heranwachsen können, wenn nicht in der frühen Entwicklungszeit ein Individuell-Menschliches mitgeholfen hätte, auch wenn es später mehr zurückzutreten gezwungen wurde. Die Ichferne bedeutet geistig immer die Gefahr, daß sich die gegen den Menschen stellenden geistigen Mächte seiner Hüllen nur bedienen. Von dieser Gefahr aber ist kein Mensch frei. Darum kann auch nur soweit für den anderen geistig gekämpft werden, wie man diesen Kampf an sich selbst geübt hat.

Anmerkungen:

1 Der Aufsatz ist die schriftliche Neufassung eines Vortrages im Rudolf-Steiner-Haus in Stuttgart, November 1985.
2 W. Schad: Die Vorgeburtlichkeit des Menschen – der Entwicklungsgedanke in der Embryologie. 1. Kapitel. Verlag Urachhaus. Stuttgart 1982.
3 Siehe W. Schad, a. a. O., 2. Kapitel. Sowie W. Schad: Erziehung ist Kunst – Pädagogik aus Anthroposophie. Letztes Kapitel. Fischer-Taschenbuch Nr. 5558. Frankfurt 1986.
4 R. Steiner: Die geistige Vereinigung der Menschheit durch den Christusimpuls. Vortrag vom 19. 12. 1915. GA Bibl.-Nr. 165. Dornach 1981.
5 R. Steiner: Die Geheimwissenschaft im Umriß. Kapitel: Schlaf und Tod. GA Bibl.-Nr. 13. Dornach 1977.
6 R. Steiner: Die Theosophie des Rosenkreuzers. Vortrag vom 29. 5. 1907. GA Bibl.-Nr. 99. Dornach 1979.
7 D. Starck: Embryologie. S. 205. Thieme-Verlag, Stuttgart 1955.
8 V. Packard: Die große Versuchung – der Eingriff in Leib und Seele. Econ-Verlag, Düsseldorf 1978.
9 H. S. Verbrugh: . . . Wieder kommen. Erfahrungen des Vorgeburtlichen und der Reinkarnationsgedanke. Verlag Freies Geistesleben, Stuttgart 1982. Sowie D. Bauer, M. Hoffmeister u. H. Görg: Gespräche mit Ungeborenen. Kinder kündigen sich an. Verlag Urachhaus, Stuttgart 1986.
10 Siehe auch den Beitrag von Michaela Glöckler.
11 1. Thessaloniker 5/23.

Manipulierte Fruchtbarkeit

Ärztlich-anthropologische Fragen
neuerer Fruchtbarkeitstechniken

Von PETER PETERSEN

Es sollen hier aus der Erfahrung als Psychosomatiker an der Universitäts-Frauenklinik Hannover und als Mitglied der von der deutschen Bundesregierung eingesetzten ‹Arbeitsgruppe In-vitro-Fertilisation, Genomanalyse, Gentherapie› einige kritische Gedanken zu den jüngst entwickelten medizin-technischen Methoden der Fruchtbarkeitsforcierung beim Menschen dargestellt werden.[1] Nachdem 1978 in England das in der Retorte gezeugte Mädchen Louise Brown geboren wurde, kam es zu einer expansiven Entwicklung sehr verschiedener Fruchtbarkeitstechnologien: neben den sogenannten Leihmüttern wird heute die Samenspende, die Eispende und die Embryonenspende angeboten. Allerdings hat der ‹Deutsche Ärztetag› 1985 beschlossen, in der Bundesrepublik Deutschland nur die sogenannte homologe In-vitro-Fertilisation zuzulassen (das ist die Retortenbefruchtung, wobei Ei- und Samenzelle von Ehepartnern stammen; gleiche Fachworte sind extracorporale Fertilisation, extracorporale Insemination). Meine kritischen Überlegungen richten sich deshalb an dieser Stelle ausschließlich auf die homologe In-vitro-Fertilisation[2].

Diese Methode hat sich innerhalb kürzester Zeit als Routinebehandlung unfruchtbarer Ehen in der Bundesrepublik Deutschland etabliert. Bis April 1985 sind 130 in der Retorte gezeugte Kinder in der Bundesrepublik geboren worden. Wegen des großen Aufwandes an medizinischem Personal und Apparaten kann diese Technologie jedoch nur in wenigen Zentren durchgeführt werden. Immerhin ist die Öffentlichkeit durch diese manipulativen Fruchtbarkeitsverfahren so beunruhigt worden, daß neben den betroffenen Fachgesellschaften auch die Bundesärztekammer, die Bundesregierung und der Bundestag spezielle Kommissionen einsetzten, um ein Ausufern zu verhindern. Es ist ein Novum, daß die Bundesärztekammer als oberstes Organ der deutschen Ärzteschaft sich gezwungen sah, für eine bestimmte medizinische *Methode* umfangreiche Richtlinien zu erlassen. Diese Maßnahme der Bundesärztekammer zeigt, daß zumindest ein gewisses Bewußtsein für die Bedrohlichkeit dieser medizintechnischen Entwicklung vorhanden ist: es ist ja der technische Griff nach der Schöpfung menschlichen Lebens – mag man im einzelnen zu diesem Ärztetagbeschluß stehen, wie man will.

Es gibt ein ganzes Bündel von Bedenken gegen die homologe Retortenbefruchtung – diese Bedenken sind allgemeiner Art, sie betreffen die ungeklärten Voraussetzungen dieser Methode oder sie beziehen sich auf Schäden und Folgen der gegenwärtigen Anwendung dieser Methode.

1. *Allgemeine Bedenken*

Allgemeine Bedenken sind zunächst aus der Sicht der *anthropologischen Biologie* zu erheben: Die *Evolution* wird auf den Kopf gestellt. Die auf den Menschen hin ausgerichtete Evolution zeichnet sich in der Pränatalphase aus durch zunehmende Hüllenbildung und Verinnerlichung. Während bei Fischen und Vögeln die frühe Entwicklungsphase außerhalb des Mutterleibes liegt, wird diese Phase bei den Säugetieren in den Körper der Mütter verlegt. Diese Evolution wird durch die extracorporale Befruchtung in der Retorte umgekehrt und rückgängig gemacht. Die Willkür des Menschen durchbricht hier ein tief verankertes biologisches Gesetz. Während wir nach den Erkenntnissen der anthropologischen Biologie (z. B. Adolf Portmann) in der Evolution eine tiefe Weisheit sehen können – die jenseits darwinistischer Selektionsmechanismen, wie z. B. dem ‹Kampf ums Dasein›, liegt –, läßt die anthropologisch unzureichend geklärte Methode der extracorporalen Fertilisation diese Weisheit vermissen. Denn durch die heutige Anwendung dieser Methode wird die psychosomatische Verinnerlichung des Fruchtbarkeitsprozesses (ebenso wie die konkrete Verantwortung für die Zeugung) zumindest in Frage gestellt. Verinnerlichung und bewußte Verantwortung sind anthropologisch gesehen zweifellos Gipfelpunkte der gesamten Evolution.

Der gegenwärtig in wissenschaftlichen und politischen Gremien ausgefochtene Streit um die ethische Legitimation von *Experimenten am menschlichen Embryo* läßt ahnen, daß ein leitendes Motiv der extracorporalen Fertilisation nicht nur die Hilfe für unfruchtbare Ehepaare, sondern mehr noch der Griff nach dem menschlichen Leben im Stadium der Menschwerdung ist. Die Züchtung des schönen, neuen und karrierefähigen Menschen ebenso wie die Beseitigung des häßlichen Menschen durch Austilgung von Erbkrankheiten – diese uralten Utopien der Menschheit kommen hier ins Spiel. Real geht es zunächst einmal darum, daß bei der extracorporalen Fertilisation sogenannte überzählige Embryonen anfallen können. Der entbrannte Streit richtet sich auf die Frage, was muß oder darf mit ihnen geschehen? Müssen sie «verworfen» werden (das ist der verschleiernde Fachausdruck für die Vernichtung des embryonalen Menschen im 8- bis 16-Zellstadium)? Oder darf im Interesse der allgemeinen Grundlagenforschung, der gezielten medizinischen Forschung oder des individuellen Wohles des jeweils betroffenen Embryo mit ihnen experimentiert werden? Bemerkenswerterweise ist bisher die Frage noch nicht einmal aufgeworfen worden, ob eine christliche Bestattung dieser überzähligen Embryonen die unserer abendländisch-christlichen Kultur angemessene Form der Beendigung dieses kurzen Menschenlebens sei.

Experimente an Embryonen – die de facto schon vielfach durchgeführt werden – stoßen jedoch eine grundsätzliche Frage an. Wenn wir davon ausgehen, daß der Mensch von Anfang an Mensch ist, so erscheint es höchst fragwürdig, wenn der Mensch hier als *Mittel zum Zweck* gemacht wird. Ist das mit seiner Menschenwürde vereinbar, wie sie durch die Verfassung der Bundesregierung geschützt ist? Ist die Opferung eines anderen

Menschen zulässig – und sei es im Interesse der allgemeinen medizinischen Krankheitsbekämpfung? Ist bestenfalls das Selbstopfer, nicht aber die Opferung fremden Menschenlebens erlaubt, zumal da hier keine Notlage vorliegt? Wird nicht auch im Falle eines erbkranken Embryo dieser werdende Mensch als Mittel zum Zweck benutzt, wenn an ihm aus therapeutischen Gründen durch Gen-Manipulationen experimentiert wird? Denn durch diesen Eingriff wird ihm die zweckhafte Vorstellung von der durchschnittlichen Normalität eines Menschen übergestülpt, ohne daß nach dem tieferen Sinn seiner Erbkrankheit gefragt wird. Da der Mensch immer nur Zweck seiner selbst sein kann und dieser Zweck nur der höheren Weisheit des Schicksals anheim gegeben ist, so wird auch das Embryonalexperiment aus therapeutischen Gründen als höchst fragwürdig zu betrachten sein. Denn hier geschieht nicht wie sonst üblich ein Eingriff in ein bestimmtes Körperorgan – wir müssen vielmehr annehmen, daß die gesamte Persönlichkeit des Menschen betroffen ist, wenn gen-chirurgische Eingriffe an der Chromosomenstruktur des Menschen vorgenommen werden. Dieser genetische Eingriff in die Keimbahn des Menschen unter dem Namen Gen-Therapie ist heute noch nicht Wirklichkeit – aber er kann schon bald Realität sein; denn das einzig Sichere am naturwissenschaftlichen Fortschritt ist, daß er schneller als erwartet eintritt.

Schließlich ist die gesellschaftliche Verantwortung unter dem Aspekt der *finanziellen Kosten* zu sehen. Nach Angabe des führenden deutschen Gynäkologen auf dem Gebiet der extracorporalen Fertilisation (D. Krebs) kostet eine Retortenbefruchtung insgesamt DM 50 000,–, wenn sie auf die erfolgreiche Lebendgeburt eines Kindes bezogen wird. Könnte hier der Luxusindividualismus einer Wohlstandsgesellschaft hervortreten, die sich Kinder auf Wunsch, zumal zu Lasten der Krankenkasse, bestellt? Wie vereinbart sich dieses individuelle Handeln mit unserer universalen Verantwortung, wenn täglich 47 000 Menschen in der dritten Welt Hungers sterben? Natürlich können wir niemals ein Menschenleben gegen das andere aufrechnen. Aber immerhin ist zu fragen: wie viele Entwicklungshelfer hätten fachkundig ausgebildet werden können, um dieses Hungerelend zu steuern, wenn allein schon 5 Millionen DM für Entwicklungszwecke ausgegeben worden wären, statt die Retortenzeugung der bisher etwa 100 Geburten in der Bundesrepublik zu finanzieren? Ganz zu schweigen von den nachgewiesenermaßen seelischen Störungen der Frauen nach Schwangerschaftsabbruch und nach Krebsoperation; diese Frauen müssen ihr seelisches Elend ohne fachliche Hilfe tragen. Denn es gibt kein Geld für die Bezahlung fachkundiger Berater. Jedoch werden weiterhin umfangreiche Gelder in den Ausbau der extracorporalen Fertilisation gesteckt. Offensichtlich handelt es sich hier um Prestigeobjekte – im Gegensatz zur Linderung seelischer Not oder physischen Hungers.

2. *Ungeklärte wissenschaftliche Voraussetzungen*

Ganz andersartige Bedenken gruppieren sich um die ungeklärten wissenschaftlichen Voraussetzungen der Retortenbefruchtung. Die biomedizinische Technik dieser Methode ist bis zu einem gewissen Grade perfektioniert – darüber hinaus jedoch sind angrenzende Wissenschaften wie Epidemiologie, Psychologie, Psychosomatik und Ethik bisher kaum berücksichtigt, wenn im konkreten Fall eines unfruchtbaren Paares zu entscheiden ist.

Die *Zeit als immanenter Faktor* ist wissenschaftlich ungenügend erforscht. Bei ausreichender «Wartezeit» kommt es bei unfruchtbaren Paaren spontan zur Schwangerschaft. Allerdings ist das, was hier mit Wartezeit apostrophiert wird, qualitativ bisher ganz unzureichend beschrieben. Bisher gibt es lediglich zahlreiche Erfahrungsberichte über die Bedeutung des Zeitfaktors – so z. B. daß Ehepaare nach jahrelanger Wartezeit dann ein Kind empfangen, wenn sie sich zur Adoption entschlossen haben.

Oder jüngst ist in einer rückblickenden Studie an 1145 unfruchtbaren Paaren in Kanada die Häufigkeit therapie-unabhängiger Schwangerschaften innerhalb eines Zeitraumes von zwei bis sieben Jahren untersucht worden[3]: Bei den Paaren *mit* medizinischer Behandlung (nicht In-vitro-Fertilisation) kam es nur in 27% zur Schwangerschaft, während bei Paaren *ohne* medizinische Behandlung sich in 43% eine Schwangerschaft einstellte. Besonders hoch lag die therapie-unabhängige Schwangerschaftsrate mit 96% bei Frauen mit unklar begründeter Unfruchtbarkeit (idiopathische Sterilität) und mit Unfruchtbarkeit, deren Grund im Gebärmutterhals zu suchen ist (sogenannte cervicalbedingte Sterilität). Das ist deshalb bemerkenswert, weil bei Frauen mit idiopathischer und cervicalbedingter Sterilität heute auch die Retortenbefruchtung vorgenommen wird: es könnte sein, daß bei genügender Geduld diese Frauen auch spontan schwanger würden und die Retortenbefruchtung bei ihnen überflüssig gewesen wäre. Ähnliche Zahlen wie aus Kanada sind von einer älteren umfangreichen Studie des Berliner psychosomatischen Gynäkologen M. Stauber bekannt: von 718 Schwangerschaften traten nur 27,8% während oder nach medizinischer Therapie auf, die meisten dagegen während der diagnostischen Phase (22,7%) oder während der Wartezeit (49,7%), also unabhängig von medizinischen Maßnahmen.

Ungeklärt ist weiterhin die Bedeutung des *Kinderwunsches*. In der medizinischen Realität ist der Kinderwunsch des Paares die entscheidende Legitimation für das Handeln des Arztes. Angesichts eines so schwerwiegenden Eingriffs, der das Leben eines Dritten, des zukünftigen Kindes, betrifft, ist diese Legitimation fragwürdig. Erstens ist der Wunsch als seelisches Phänomen grundsätzlich von unbeständigem, wechselhaftem Wesen – Wünsche gehören der Sphäre des Gefühls und der Fantasie an. Wünsche sind sinnvoll für die experimentierende Eröffnung von Zukunftsperspektiven – aber ihr schwankendes Wesen reicht nicht aus, um einem Kind den Lebensraum herzugeben, dazu wäre die Stetigkeit einer Bindung notwendig.

Zweitens hat der Kinderwunsch nicht selten *absoluten* Charakter: er ist drängend, zwanghaft, das Kind muß um jeden Preis «gemacht» werden. Ein solcher überwertiger Kinderwunsch wird zuweilen als krankheitswertig eingestuft. Selbst wenn man hier eine Kinderwunsch-Krankheit annehmen wollte, so bestände ihre kausale Therapie jedoch nicht im Herstellen eines Kindes, dem Herbeischaffen des Wunschobjektes, sondern im allmählichen bewußten Verzicht auf die überwertige Zwanghaftigkeit, – das aber hieße, daß diesen Paaren eine Psychotherapie statt eines medizinischen Eingriffs in Form einer In-vitro-Fertilisation anzuraten wäre.

Drittens hat man den Kinderwunsch inhaltlich erforscht. Das Fazit dieser psychologischen Forschung läßt sich lapidar so formulieren: Kinderwunsch ist im Durchschnitt kinderfeindlich. Bei einer Befragung über die Beweggründe des Kinderwunsches (Lukesch) stehen an erster Stelle bei Frauen mehr altruistische Motive («Kinder gehören zur Familie»), während Männer sich zuerst einmal «Nachkommen wünschen, die den eigenen Namen erhalten»; weitere Motive sind: «Kinder bringen Abwechslung in die Ehe», «Kinder halten die Ehe zusammen» und «damit die Eltern im Alter dann nicht allein sind» – erst an letzter Stelle erscheint: «aus Liebe zu den Kindern». Tiefenpsychologen fanden als Motiv des Kinderwunsches: das Erzwingen einer Ehe, Stabilisierung einer Partnerbeziehung, Wettbewerb mit anderen Frauen; diese Forscher sprechen von der «Messiaserwartung» unfruchtbarer Paare. Der Kinderwunsch ist hier Ausdruck der Beziehungsnot zwischen den Partnern.

Zusammenfassend läßt sich über den Kinderwunsch sagen: Eltern brauchen vor allem ein Kind für ihre eigenen Bedürfnisse und ungelösten Konflikte – aber sie können nicht oder kaum daran denken, daß ein Kind aufgeschlossene Eltern braucht, damit des Kindes Bedürfnisse erfüllt werden. Verfechter künstlicher Fertilitätstechnologien argumentieren hier, bei der natürlichen Zeugung seien ja auch derartig «kinderfeindliche» Motive im Spiel – man dürfe doch sterile Paare nicht anders als fruchtbare Paare bewerten. Dieses Argument läßt den fundamentalen Unterschied zwischen spontaner und künstlicher Zeugung außer acht: bei der künstlichen Zeugung muß der Arzt bewußte Verantwortung mit übernehmen – während er bei der spontanen Zeugung nichts zu suchen hat. Im einen Fall herrscht Natur und Schicksal, im anderen Fall ein vorsätzlicher professioneller Akt, der zu verantworten ist. Es wäre ähnlich, wie wenn man ein schicksalhaftes Unglück (z. B. Tod in der Lawine) mit vorsätzlicher Tötung gleichsetzen wollte.

Noch ungeklärter ist die Frage der *zureichenden Ursache der Sterilität*. Entsprechend dem wissenschaftlichen Denkstil, wie er sich in den letzten 3½ Jahrhunderten seit Descartes Postulat des ‹L'homme machine› immer mehr vertieft hat, suchte und fand man in der anatomischen und physiologischen Fruchtbarkeitsforschung mechanische und funktionale Kausalitäten. Unfruchtbarkeit ist damit ein Problem mechanischer und funktioneller Ursachen, das mit chirurgischen (Anatomie) und chemischen Methoden (Physiologie) gelöst wird. Im 20. Jahrhundert beginnt sich mit der Psychosomatik ein neuer wissenschaftlicher Denkstil zu entwickeln. Vom Nestor der deutschen Psychosomatik und anthropologischen Medizin, Victor v. Weizsäcker (1886–1957), stammt der Satz: «Die Krankheit des Menschen ist nicht was sie schien, ein Maschinendefekt, sondern eine Krankheit ist nichts als er selbst, besser: seine Gelegenheit, er selbst zu werden!»

Krankheit ist hier gesehen als Chance zur Reifung, nicht als Objekt der Elimination oder Reparatur. In diesem Satz ist die Überwindung des mechanistischen Denkens angedeutet. Worin kann diese Überwindung bestehen bei unfruchtbaren Paaren? Statt des medizinischen Eingriffs durch In-vitro-Fertilisation, der ausschließlich auf dem Denken in mechanischen und funktionalen Ursachen gründet, kommt es auf die *individuelle Biographie* des betroffenen Paares *als Ursache* an. Bei einer intensiven Beratung, die den Zeitfaktor berücksichtigt und die sich deshalb als ein Prozeß über Wochen und Monate hin entwickelt, ergeben sich biographische und seelische Ursachen der Unfruchtbarkeit. Diese Ursachen sind qualitativ andersartig und grundsätzlich verschieden von den mechanischen bzw. funktionalen. Es handelt sich dabei um sogenannte Koinzidenzen, Gleichzeitigkeitskorrelationen; die Zeit als qualitative Gestalt kommt dabei zur Geltung. Akausale Verknüpfungen sind wirksam – sofern Kausalität hier im Sinne der klassischen Physik verstanden wird. Der Begriff der Kausalität wird hier nicht außer Kraft gesetzt, jedoch wird er erweitert. Konkrete Befunde dieser biographischen Ursachenforschung haben beispielsweise ergeben: Unfruchtbarkeit ist ein sinnvoller seelisch-körperlicher Schutz – denn aufgrund ihrer Persönlichkeit wären die Paare durch eigene Kinder überfordert. Bei statistischen Untersuchungen hat sich entsprechend ergeben: sterile Paare weisen im Vergleich zur Durchschnittsbevölkerung eine teilweise schwer gestörte Persönlichkeitsstruktur auf mit ausgeprägten Selbstwertstörungen (Narzißmus), Depressivität und gegenseitiger Anklammerung – sie sind stützungsbedürftig. Diese biographische Störung findet sich keineswegs nur bei sogenannter funktioneller (idiopathischer oder psychogener) Sterilität, sondern auch bei Frauen mit Eileiterverklebung (tubarer Sterilität). Denn nicht ganz selten kommt es vor, daß eine Frau mit Eileiterverklebung einen Schwangerschaftsabbruch hinter sich hat; sie ist dann häufig mit unverarbeiteten, verdrängten Schuldgefühlen von ausgeprägtem Gewicht belastet. Gestörte Persönlichkeit im tiefenpsychologischen Sinn und körperliche Sterilität im anatomisch-physiologischen Sinn sind akausal miteinander verknüpft, ohne daß eine mechanisch-funktionale Kausalität konstruierbar wäre.

Darüber hinaus ist zu erforschen, in welcher Weise sich die Unfruchtbarkeit in die jeweils individuelle Biographie einordnet, welches ihr *individueller Sinn* ist. Diese Forschungsarbeit kann nur in einem individuell ausgerichteten Prozeß von Beratung und Therapie geleistet werden. Die Psychosomatik und Psychotherapie, insbesondere die tiefenpsychologisch orientierten Wissenschaften, haben darüber reiche Erfahrungen gesammelt. Jedoch muß dieser Prozeß der Beratung und Therapie durch fachlich ausgebildete Therapeuten und Berater (z. B. Psychotherapeuten, Familientherapeuten, Sozialtherapeuten) begleitet werden – die ärztliche Ausbildung qualifiziert dafür nicht. In diesem Therapieprozeß werden nicht nur verdrängte, unverarbeitete Erlebnisinhalte ins Bewußtsein gehoben – ein mit großem Schmerz verbundener Vorgang – und der eigenen Persönlichkeit in neuer Weise integriert. Es kommt dabei auch zu gesteigerter Bewußtheit und zu innerer Aktivität, zur Sensibilisierung für emotionale Prozesse, zu einer vertieften Verbindung zum eigenen Leib, auch der eigenen Sexualität, zu einer größeren Offenheit gegenüber dem eigenen Partner und zur konkreten Intuition gegenüber dem möglichen Kind. Gegenüber der Kindesankunft herrscht die Gelassenheit des gewandelten Kinderwunsches: «Es kommt, wann und ob es will» – dem Kind wird freier Ankunftsraum in der *Seele* des Paares zur Verfügung gestellt.

So notwendig, wie ein solcher Therapieprozeß wäre, so selten wird er heute bei unfruchtbaren Paaren verwirklicht. Die Realität sieht so aus, daß in den großen Zentren der Reproduktionsmedizin Psychotherapeuten entweder gar nicht vorhanden sind oder fast nur diagnostische Aufgaben haben – für den aufwendigen Therapieprozeß bleibt keine Zeit. «Zeit haben» ist identisch mit intensiver menschlicher Zuwendung. Die seltenen Ausnahmen jedoch sind ermutigend: an der Frauenklinik der Universität in Leuven/Belgien arbeitet ein Team von vier bis acht psychotherapeutischen Mitarbeitern und leistet dort grundlegende Forschungsarbeit, ebenso wie die unfruchtbaren Paare Hilfe für ihre eigene Reifung bekommen.

Mit gänzlich ungeklärten Voraussetzungen ist das Problem der *Auswahl* belastet. Der Arzt muß unter den unfruchtbaren Paaren eine Auswahl treffen: will er sie für eine bestimmte Befruchtungstechnik wie z. B. In-vitro-Fertilisation zulassen oder nicht? Einige Auswahlkriterien sind beispielsweise in den medizinischen Indikationen beschrieben, wie sie der Deutsche Ärztetag 1985 beschlossen hat. Eine zugelassene Indikation ist danach die Sterilität infolge Eileiterverklebung, eine nicht zugelassene Indikation ist die medizinische Unverträglichkeit einer Schwangerschaft. Ebenso wird die Ehe als Auswahlkriterium angesehen: Paaren ohne bürgerlichen Trauschein wird die In-vitro-Fertilisation in der Regel vorenthalten. In manchen Kliniken werden Paare mit seelischer Belastung (z. B. Alkoholismus, schwerer Neurose) nicht zu diesem medizinischen Eingriff zugelassen. So sinnvoll wie derartige Auswahlkriterien für das durchschnittliche ärztliche Handeln sind, so ungeklärt und fragwürdig sind sie in diesem Fall. Der Arzt steht hier auf schwankendem Boden. Warum? Er maßt sich die Weitsicht des Schicksals an, ohne die Weisheit des Schicksals zu besitzen. Woher will der Arzt wissen, ob ein Kind nicht in eine neurotische Ehe oder in eine Trinkerehe geboren werden will? Beispielsweise war Mozart der Sohn eines Mannes, der heute das Lehrbuchbeispiel für einen narzißtischen Vater hergeben würde, und Beethoven stammt aus einer Trinkerehe. Weder Mozart noch Beethoven würden heute nach diesen Kriterien durch In-vitro-Fertilisation das Licht der Welt erblicken. Und wie viele Menschen, die ihr Leben sinnvoll gestalteten, stammen aus einer unehelichen Verbindung!

Die Situation ist *absurd*, sie ist sinnlos. Der Arzt muß auswählen; wenn er nicht auswählte, so handelte er standeswidrig und logisch unsinnig. Indem er aber auswählt, betritt er einen Bereich, der seine geistige Kraft übersteigt: er wird zum Schicksal. Aber er verleugnet die Rolle des Schicksalgestalters, weil er diese Rolle nicht tragen und nicht ausfüllen kann. Wollte er sie sinnvoll erfüllen, so müßte er kraft Intuition einen prophetischen Blick für das konkrete zukünftige Schicksal des zu zeugenden Menschenkindes haben. Diese Intuition jedoch steht ihm nicht zur Verfügung – jedenfalls nicht heute.

Grundsätzlich ist das ungelöste Problem der Auswahl eine ernsthafte Herausforderung. Gefragt ist damit nach bestimmten geistigen Fähigkeiten, die durch gesteigerte emotionale Sensibilisierung und durch geistige Schulung zu vertiefen wären. Für die praktische Psychotherapie werden solche Fähigkeiten in manchen Schulen ausgebildet. Gefragt ist hier nach der Fähigkeit, die geistige Gestalt und insbesondere die Zeitgestalt eines Menschen zu erkennen. Jedoch bedarf es heute intensiver Arbeit in Forschung und Praxis, um derartige geistige Fähigkeiten mit hinreichender Klarheit wahrnehmbar zu haben.

3. Folgen und Schäden

Die dritte Gruppe von Bedenken ergibt sich aus den Folgen und Schäden, die möglicherweise, wahrscheinlich oder sogar sicher durch die gegenwärtige Praxis der homologen In-vitro-Fertilisation auf uns zukommen.

Infolge der unklaren Rolle des Arztes als Schicksalgestalter kommt es zur *Anonymisierung der Verantwortung*. Formal wird zwar dem unfruchtbaren Paar die Verantwortung für die Folgen der In-vitro-Fertilisation zugeschoben, und das Paar willigt auch darin in, der Arzt zieht sich de jure auf seine reduzierte Verantwortung als Biotechniker zurück. In Wirklichkeit aber wird Verantwortung unbewußt von einem zum anderen verschoben. Ein Beispiel sind die Kieler Drillinge nach In-vitro-Fertilisation: Der arbeitslose Vater beschwert sich beim Arzt, er (der Vater) habe keine drei Kinder gewollt und könne sie auch nicht aufziehen. Der Arzt hatte – wie üblich – bei der In-vitro-Fertilisation mehr als einen Embryo in die Gebärmutter zurückgesetzt, um die Chance wenigstens der Geburt eines Kindes zu haben – allerdings auch mit dem Risiko einer Mehrlingsschwangerschaft. Die Verantwortung für dieses Risiko wollte der Vater nicht tragen und schob sie dem Arzt zu. Im tieferen Sinn tritt damit die Frage auf: Wer ist hier in Wirklichkeit der Vater – der Arzt als Erzeuger oder der genetische Vater? Ähnliche Fälle von abgelehnter und verschobener Verantwortung sind denkbar bei mißgebildeten Kindern oder – wie neuerdings in den USA – bei Kindern mit unerwünschtem Geschlecht nach In-vitro-Fertilisation; sie fallen der Abtreibung anheim. Das Bewußtsein, Kinder auf Wunsch bestellen zu können, gebiert Verantwortungslosigkeit.

Ganz gewiß ist dieser Zerstörung der Verantwortung nicht durch eine juristisch-formale Regelung zu begegnen, wie sie sich in seitenlangen Einverständniserklärungen vor medizinischen Eingriffen heute dokumentieren kann. Dabei wird es nur zu einer abermaligen Verdrängung persönlicher und existentiell zu leistender Verantwortung für das ankommende Kind kommen.

Es muß als *vorsätzliche potentielle Schädigung* des bei einer Retortenbefruchtung entstandenen Kindes bezeichnet werden, wenn es dabei gehäuft zu *Mehrlingsgeburten* kommt: Zwillinge sind 10mal, Drillinge 100mal und Vierlinge 1000mal häufiger als im Durchschnitt. Eine potentielle Schädigung liegt erstens vor, weil Mehrlinge häufiger als Einlinge frühzeitig durch Kaiserschnitt entbunden werden und die ersten Wochen im Brutkasten aufwachsen; psychosomatische Langzeitschäden sind bei Brutkastenkindern wahrscheinlich. Zweitens ist die Mutter durch die Erziehung von Mehrlingen nachweislich psychisch überfordert. Diese Überforderung hat nicht nur negative Auswirkungen auf die Mutter selbst, sondern vor allem auch auf die ungestörte Entwicklung der Mehrlinge. Kinderpsychiater wissen, daß Mehrlinge eine emotional belastete Kindheit haben.

Die Retortenbefruchtung führt für die Frau zur *psychosomatischen Anästhesierung*, zur leib-seelischen Abstumpfung. Der Wochen und manchmal Monate dauernde Streß ständiger Manipulationen (Hormonstimulationen, Ultraschallaufnahme, Bauchspiegelung, Eientnahme, Blutuntersuchungen usw.) mit der ständigen Erwartungsangst, ob der betreffende Eingriff erfolgreich war, ruft seelische Passivität und seelische Starre hervor; die Frau muß notwendigerweise ihr Gefühl ausschalten, sie spaltet sich von ihrem Leibempfinden ab – sie läßt sich zu einer Maschine machen, die nicht mehr der sensiblen Eigensteuerung gehorcht, sondern dem Schema der notwendigen klinischen Routine unterworfen ist. Die Erfüllung der leiblich-sinnlichen Ich-Du-Begegnung mit ihrem Mann ist systematisch ausgeschaltet. Sofern der Sinn der Zeugung auch in einer erfüllten Ästhetik der Liebe liegt, ist dieser Sinn hier zunichte gemacht. Die gesamte Prozedur ist zweckhaft auf den «Erfolg» einer Schwangerschaft ausgerichtet. Nur seelisch robuste Frauen halten diese Belastung durch; sensible Frauen kommen dafür nicht in Frage oder scheiden bald aus. Im Falle des Nicht-Erfolges – ein Ereignis, das zu 80–95 % zu erwarten ist – reagieren die Frauen zu 42 % mit kürzerer und zu 6 % mit langfristiger Depression. Diese psychosomatische Abstumpfung und Verhärtung ist das Gegenstück von dem, was durch den Sensibilisierungsprozeß einer Beratung oder Therapie erreicht werden kann.

Über die *Entwicklung der Kinder*, die bei medizinischen Eingriffen in die Fruchtbarkeit (außer In-vitro-Fertilisation) entstanden sind, wissen wir wenig. Das Wenige, was wir wissen, wirft ein unheilvolles Licht auf deren Leben. Die wenigen Nachuntersuchungen bei Kindern (Stauber) sprechen von schweren frühneurotischen Beschwerden. Diese Neurosenbelastung des Kindes ist angesichts der oben geschilderten Fragwürdigkeit des Kinderwunsches als solchem und der Neurosenhäufigkeit bei den Eltern auch zu erwarten. Eine ausführliche Untersuchung über Schwangerschaftsverlauf, Geburt und Entwicklung nach der Entbindung bei ehemaligen Sterilitätspatientinnen zeigt ein ausdrückliches Bild der ungünstigen Folgen.

Zukunftsperspektiven

Für den anthroposophischen Forscher ergibt sich beim Stand der heutigen medizinischen Fertilitätstechnologie eine ganz neuartige Frage: Welcher Qualität ist der von Rudolf Steiner sogenannte Geistkeim, der der Bildung des leiblichen Keimes urbildlich zugrunde liegt? Und welche Erkenntnisschritte muß der Forscher tun, um dem Wesen des Geistkeimes gerecht werden zu können?

Rudolf Steiner hat in seinem Vortragszyklus ‹Menschenwesen, Menschenschicksal und Weltentwicklung›[4] beschrieben, wie sich bei der Befruchtung nicht nur die Erbanlagen des Vaters und der Mutter vereinigen – sowie sie in der männlichen Samenzelle und der weiblichen Eizelle angelegt sind –, vielmehr verleiblicht sich im Augenblick dieser Vereinigung der Erbströme auch eine geistige Gestaltungskraft, eben der Geistkeim.[5]

Biologisch gesehen ist der Geistkeim verantwortlich für die ungeheuren embryologischen Gestaltbildungen bis etwa zum 18. Tag nach der Befruchtung: während dieser Zeit haben sich die verschiedenen Hüllen für den Embryo ausgebildet, weiterhin haben sich die Zellmassen zur sogenannten Keimscheibe konfiguriert, so daß etwa mit dem 18. Tag die Einstülpungsprozesse beginnen können. Diese Phase ist das Werk der aus dem Geistkeim fließenden Kräfte.

In diese sensible Phase hinein fällt die in der Petrischale ausgeführte künstliche Befruchtung. Bisher ist es völlig unerforscht, ob und inwiefern hier Schädigungen auf den Keim einwirken können. Chemisch-physikalisch und wärme-physiologisch gesehen ist es zwar eindeutig, daß in der Petrischale oder im Brutkasten ein anderes Flüssigkeitsmilieu bzw. eine andere Wärmeatmosphäre herrschen als im Mutterleib. Aber welche langfristigen Folgen kann diese künstliche Atmosphäre während der ersten zwei bis vier Tage des embryologischen Menschenlebens für die gesamte Biographie dieses Menschen haben? Grobe körperliche Mißbildungen sind bisher an den weltweit rund 600 in der Retorte gezeugten Babys nicht beobachtet worden. Es ist auch eher unwahrscheinlich, daß sich hier grobe körperliche, seelische oder geistige Schädigungen zeigen werden: unter anthroposophischem Aspekt vereinigen sich Ätherleib, Astralleib und Ich erst nach dem 18. Tag mit dem Keimling. Wenn überhaupt biographische Folgen dieser künstlichen Prozedur eintreten, dann dürften es äußerst subtile Vorgänge sein.

Aufgrund meiner pneumatologischen Forschungen über anthropologische Prozesse zur Zeit von Empfängnis und Zeugung vermute ich, daß solche Folgen am ehesten in einem ganz augenfälligen Gebiet zu suchen sein könnten: in der *persönlichen, individuellen Gestalt des Leibes*. Hugo Verbrugh hat in seinem Buch ‹Wiederkommen›[6] die hellsichtige Wahrnehmung moderner Mitteleuropäer bei der Zeugung und Empfängnis ihres Kindes beschrieben. Diese Eltern nahmen für einen kurzen Moment in jener Phase die Gestalt ihres zukünftigen Kindes auf eine geistige Art wahr – und sie erkannten diese Gestaltung der leiblichen Gesichtszüge nach der Geburt wieder. Es könnte sein, daß diese individuelle Gestalt des Leibes sich schon ganz früh, also mit dem Augenblick von Zeugung und Empfängnis, verleiblicht.

Wenn diese Vermutung zutrifft, so müßte es im späteren Leben vor allem zu einer gestörten *Einpassung* der höheren Wesensglieder in den durch den Geistkeim vorgestalteten physischen Leib kommen. An dieser Nahtstelle müßte die Diskrepanz erkennbar sein. Diese Diskrepanz würde sich mit Sicherheit in verschiedenartigen psychosomatischen Störungen zeigen, – ob diese Einpassungsstörung bis zu psychotischen Entgleisungen auf der einen Seite und bis zu körperlichen Organkrankheiten auf der anderen Seite reiche, bleibt zunächst einmal offen.

Für den tiefenpsychologischen Psychotherapeuten lassen sich jedoch spezifischere Störungen erwarten: in den Traumbildern seiner Patienten müßten sich zwei dem Ich des Patienten zugeschriebene Identitäten finden, die nicht zueinander passen, obwohl sie zueinander gehören. Traumprozesse sind eine wohlerforschte Domäne der tiefenpsychologischen Psychotherapie; bisher sind derartige Traumfigurationen meines Wissens nicht beschrieben worden. Es bliebe also abzuwarten, ob derartige oder ähnliche Traumprozesse sich bei solchen Patienten ereignen, die in der Retorte gezeugt worden sind. Aus der pränatalen, therapeutischen Traumforschung sind immerhin hinreichend Traumserien bekannt geworden, die frühe Schädigungen der vorgeburtlichen Lebenszeit in der Spiegelung von Träumen im Erwachsenenalter wahrscheinlich machen. Aus dieser pränatalen Traumforschung ergäbe sich ein methodischer Zugang zur Frage: wie sind mögliche Schädigungen infolge der Retortenbefruchtung im späteren Alter zu erkennen?

Mit dieser Überlegung ist jedoch nur ein Hinweis gegeben auf die Frage nach den *Störungen* der Inkarnation während der ersten Tage des embryonalen Menschenlebens. Nach wie vor unbeantwortet bleibt die Frage nach der *Normalität*: Welcher Qualität ist der Geistkeim und wie kann er unserer Wahrnehmung zugänglich werden? Störungen sind immer leichter zu erkennen – dagegen ist es ungleich schwerer für unsere Erkenntnis, das sogenannte Normale in seiner Reinheit zur Anschauung zu bringen. Dafür sind offenbar größere Anstrengungen erforderlich. Sie bedeuten eine Herausforderung für uns alle.

Warum für uns alle? Und nicht nur für Spezialisten? Es betrifft uns alle deshalb, weil es hier darum geht, zwischen dem physischen Leib, so wie er genetisch bedingt ist, und der geistigen Gestalt der Kräfte-Konfigurationen dieses physischen Leibes unterscheiden zu lernen. Diese geistige Gestalt ist gewiß nicht nur für den Therapeuten und Arzt bedeutungsvoll; sie ist es ebenso für den Pädagogen, und sie ist es in unserem Alltagsleben, weil eine entgleiste oder eine gelungene Geistgestalt des physischen Leibes sich in jeder sozialen Gemeinschaft verschieden einordnen wird: sie wird destruktives Chaos veranlassen – oder sie wird die heilsame Ordnung eines «sensiblen Chaos» ermöglichen, so wie der Geistkeim im Augenblick der Befruchtung das Chaos der molekularen und biologischen Strukturen zum Heile des Menschen ordnet – oder daran gehindert wird.

Anmerkungen:

1 Zuerst erschienen in «Die Drei», 12/1985, S. 903 ff.
2 Weitere Ausführungen zum Thema sind zu finden bei P. Petersen: Retortenbefruchtung und Verantwortung. Anthropologische, ethische und medizinische Aspekte neuerer Fruchtbarkeitstechnologien. Stuttgart 1985. Dort auch die diesbezügliche Literatur.
3 J. A. Collins et al.: Treatment-independet Pregnancy among Infertile Couples. New. Engl. J. Med. 309/1983, 1201–1206.
4 Vgl. die Beiträge von W. Schad und H. Müller-Wiedemann in diesem Band; sowie M. Hoffmeister: Die übersinnliche Vorbereitung der Inkarnation, Basel 1979. – F. Wilmar: vorgeburtliche Menschwerdung, Stuttgart 1979.
5 Vgl. die Beiträge von W. Schad und H. Müller-Wiedemann in diesem Band; sowie M. Hoffmeister: Die übersinnliche Vorbereitung der Inkarnation, Basel 1979. – F. Wilmar: Vorgeburtliche Menschwerdung, Stuttgart 1979.
6 H. S. Verbrugh: . . . Wiederkommen. Erfahrungen des Vorgeburtlichen und der Reinkarnationsgedanke, Stuttgart 1982.

Manipulation mit dem Leben

Extracorporale Befruchtung, Embryotransfer, Gentechnologie und Sterbehilfe

Von WERNER HASSAUER

Zwei Fragen sind in der letzten Zeit mehr und mehr in das Licht des öffentlichen Interesses gerückt und werden sicher in den nächsten Jahren in zunehmendem Maße die Öffentlichkeit beschäftigen.[1] Sie beinhalten menschheitliche Dimension und eine Brisanz, die nicht geringer sein dürfte als diejenige, die der Menschheit durch die Entdeckung der atomaren Kernspaltung und der daraus entstandenen Probleme erwuchs. Es handelt sich zum einen um die Frage der Manipulation mit der menschlichen Fruchtbarkeit und allem, was damit zusammenhängt, zum anderen um die Fragen, die unter dem Begriff «Sterbehilfe» zusammengefaßt werden. Beide Problemkreise befassen sich mit den Eckpfeilern des menschlichen Daseins hier auf der Erde, mit Geburt und Tod, Anfang und Ende des irdischen Seins.

In früheren Zeiten standen diese Eckpunkte, zwischen denen sich das irdische Leben ausspannt, unter einem gewissen Erkenntnisdunkel, ja Erkenntnistabu. Sie waren einerseits geschützt durch das Fehlen äußerer Kenntnisse, andererseits durch eine moralische Einstellung, die in einer religiösen Grundhaltung des Menschen urständete. Diese flößte ihm Ehrfurcht vor dem Geheimnis des Werdens und Achtung vor dem Mysterium des Todes ein. Die hieraus resultierende Scheu ließ den Menschen Abstand nehmen, in diese Gebiete erkennend einzudringen. Eine natürliche, instinktive Geistverbundenheit veranlaßte ihn, die Entstehung des Menschengeschlechts als durch einen göttlichen Schöpferakt bewirkt und die Herkunft des Einzelmenschen als gottgegeben und gottgewollt anzusehen. Kinder zu zeugen und in Vielzahl zu haben, galt als Geschenk und Begünstigung Gottes. Der Hingang eines menschlichen Individuums nach vorher durchstandener Krankheit wurde ebenfalls als unter göttlicher Schicksalsführung geschehend verstanden. Geburt und Tod waren gottgefügte Schicksalsfakten, die man anerkannte und denen man sich zu fügen hatte. Schicksal traf den Menschen, konnte erträglich oder auch tragisch sein, mußte aber hingenommen werden. So war die Seelenhaltung im Altertum und im Mittelalter, in den Religionen der Antike, des mittelalterlichen Christentums und des Mohammedanismus.

Mit Beginn der Neuzeit, also etwa mit dem 15. Jahrhundert, änderte sich die Richtung des Erkenntnisstrebens und damit die Bewußtseinshaltung gegenüber den Fakten des Lebens. Während sich früher die Aufmerksamkeit des Menschen überwiegend nach dem Transzendenten gerichtet hatte, wandte sie sich jetzt der irdischen Umgebung zu. Dies gilt sowohl der gesamten Erde, wie auch dem Menschen als irdischem Wesen gegenüber. Aus diesem Streben resultierten die Entdeckungen der Naturgesetze, der Kugelgestalt der Erde und ihrer Stellung im Planeten- und Weltsystem. Die Kontinente wurden entdeckt und erobert, ihre Schätze in breitem Maße genutzt und ausgebeutet. Es folgten auch die Entdeckungen am menschlichen Leib, am Leichnam. Der Feinbau des physischen Körpers wurde erforscht. Mit der Entdeckung der pflanzlichen Zelle 1838 durch Schleiden und der tierischen 1839 durch Schwann begann eine Revolution in der Erkenntnisanschauung über die Lebewesen, die geradlinig 1855 zur Veröffentlichung der «Zellularpathologie» durch Virchow führte.

Mit dem Fußfassen dieser Anschauung wurden im medizinischen Erkenntnisstreben die seit der Antike geltenden Ansichten der «Humoralpathologie» abgelöst. Das bedeutet, daß eine Anschauungsweise verloren ging, die die Geschehnisse im Organismus als unter einem übergeordneten, einheitlichen Gesamtkräftewesen stehend ansah, welches die Einzelabläufe im Organismus dirigiert, regelt und gesamthaft im Sinne einer Eukrasie organisiert. Krankheit stellt nach dieser Anschauung eine unrichtige Säftemischung, eine Dyskrasie dar, welche als schicksalhaftes Ereignis dieses Übergeordnete im menschlichen Organismus trifft und auf welches dieses gesamthaft reagiert. Die neue Lehre betrachtete den Organismus als aus einzelnen, autonomen Zellen aufgebaut, wobei jetzt die Einzelzelle auf einen krankmachenden Einfluß reagiert und auf diese Weise den Organismus krankmacht. Nicht mehr der Organismus als Ganzes erkrankt, sondern die Einzelzelle reagiert und von ihrer Reaktion hängt ab, ob die Krankheit lokalisiert bleibt oder sich über den Gesamtorganismus ausbreitet.

Durch das in der Neuzeit einsetzende, nur auf die Sinneswelt gerichtete Erkenntnisstreben wurden ungeheuer viele, äußere Fakten über die Sinneswelt gewonnen, es ging aber gleichzeitig die alte, instinktive Erkenntnisweise des Menschen verloren. Das Erkenntnisfeld des irdisch Wahrnehmbaren wurde als das einzige, real anzustrebende proklamiert. In Fortentwicklung dieser Erkenntnisrichtung entstand die gesamte materialistische Naturwissenschaft, in die auch die Medizin einbezogen wurde. In der philosophischen Ausgestaltung der gewonnenen Erkenntnisse entwickelte sich im 19. Jahrhundert, insbesondere durch John Stuart Mill, die Wissenschaftsrichtung des Positivismus und dessen Anwendung auf die Sinneswelt. Konsequenterweise blieb dabei die religiös-moralisch-ethische Verknüpfung der gewonnenen Erkenntnisse auf der Strecke. Zwar wurde um die Wende des 18. zum 19. Jahrhundert durch Fichte, Schelling und Hegel im deutschen Idealismus eine Philosophie geschaffen, in der eine großartige Spiritualität zutage tritt, jedoch gingen diese Erkenntnisse in der stürmischen Weiterentwicklung des Materialismus und Positivismus unter und fanden keinen Boden.

In bezug auf den Beginn des menschlichen Einzellebens gewahrte die auf die physische Erscheinungswelt gerichtete Forschung den Ursprung des Menschenlebens in der Vereinigung von Ei- und Samenzelle. Aus dem entstandenen Spermovium wird durch fortdauernde Zellteilungs- und Wachstumsprozesse ein Zellgebilde, das im weiteren Fortgang Gestalt im Sinne eines in sich differenzierten Individuums annimmt. Dieses wird nach Erlangung einer gewissen Reife aus dem mütterlichen Organismus entlassen und entwickelt sodann im Laufe einiger Jahre differenzierte Eigenschaften und Fähigkeiten, die anthropologisch als spezifisch menschlich angesehen werden. Diese Eigenschaften werden von der heute etablierten Wissenschaft als aus Vererbung und Umwelteinfluß hervorgegangen gedacht. Als Träger der Vererbung werden an Stoffe gebundene Kräftewirkungen angesehen. Dabei fand man die tragenden Stoffe in den Chromosomen des Zellkerns in Gestalt der Gene. Die Anordnung der erbfaktortragenden Gene geschieht nach Ansicht dieser Wissenschaft durch reinen Zufall, natürlich im Rahmen der erforschbaren und gültigen Erbgesetze. Da die entsprechend der berechenbaren, statistischen Zufallswahrscheinlichkeit möglichen Kombinationsvariablen sehr groß sind, ist – wie bei einem Lotteriespiel – die Möglichkeit für das, was einem Individuum gemäß diesem Zufall «zufällt», außerordentlich groß, es bleibt aber – das muß festgehalten werden – doch dem blinden Zufall überlassen. Somit ist der Mensch, auch in bezug auf seine individuellen Eigenschaften, ein reines Zufallsprodukt ohne Daseinssinn und demnach auch ohne Daseinsziel. Daß sich die menschliche Gesellschaft aus dem Gewahrwerden der Umweltverhältnisse ein so oder anders geartetes Weltbild schafft und daraus gewisse Spielregeln menschlichen Interessenverhaltens für den Verkehr untereinander aufstellt, ist eine zweitrangige Erscheinung und geht keineswegs aus dem Ursprungswert des Menschenwesens selbst hervor.

Wendet man die mit dieser materialistisch-positivistischen Gesinnung gewonnenen Erkenntnisse auf den Beginn des menschlichen, irdischen Daseins, also auf die Embryologie an, so ist durchaus nicht einzusehen, warum in die Zufallsvorgänge der menschlichen Ontogenese nicht regulierend eingegriffen werden soll. Ein Zellenwesen dann, wenn es z. B. zu nicht genehmer Zeit entsteht – die Gründe für genehm und nicht genehm sind sehr mannigfaltig und sollen hier nicht untersucht werden –, aus dem Mutterorganismus wieder zu entfernen, ist logisch und der – scheinbaren – Realität des Lebens entsprechend, zumal sich in diesem Zellgebilde, außer daß es eine äußerlich erkennbare, menschliche Gestalt aufweist, noch keine sonstigen, spezifischmenschlichen Eigenschaften erkennen lassen. – Um bei dem Leser dieser Ausführungen keine Mißverständnisse aufkommen zu lassen, sei betont, daß hier zunächst die positivistisch-materialistische Weltanschauung konsequent für die Realitäten unserer heutigen Gesellschaftsstruktur zu Ende gedacht werden soll. Es ist nach dieser Weltanschauungsgesinnung auch nicht einzusehen, warum an den natürlich sich zeigenden Abläufen nicht Verbesserungen angebracht werden sollen, wenn sie unserem Verstand als nützlich erscheinen und dem Erkenntnisstand gemäß durchführbar sind. Einer sterilen Frau mit intensivem Kinderwunsch bei der Erfüllung dieses Wunsches helfen zu wollen, ist logisch, menschlich und ein Gebot der ärztlichen Hilfeleistung. Diesem Gebot wurde bisher entsprochen im Rahmen der vorhandenen Möglichkeiten bis hin z. B. zur operativen Wiederherstellung der Eileiterdurchgängigkeit durch in den letzten Jahren entwickelte, mikrochirurgische Methoden. In der konsequenten Verfolgung positivistischen Erkenntnisdenkens kam die so eingestellte Forschung auf den Gedanken, menschliche Eizellen durch einen operativen Eingriff (Pelviskopie) zu gewinnen, sie außerhalb des mütterlichen Organismus, extracorporal, unter Laboratoriumsbedingungen in vitro, d. h. im Glase, mit männlichem Samen zu befruchten und die weitere Entwicklung mit wissenschaftlicher Neugierde zu beobachten. Man kam dazu, einen dergestalt extracorporal erzeugten Leibeskeim unter herausgefundenen optimalen Bedingungen, d. h. in einem Vier- bis Sechszellenstadium, wieder in den mütterlichen Organismus «einzuschwemmen», zu «transferieren», wie es in der Fachsprache heißt. Um möglichst viele Eizellen aus dem mütterlichen Organismus zu erhalten, wird vorher durch entsprechende Hormongabe der weibliche Eierstock so stimuliert, daß gleichzeitig mehrere Ovula für den dann pelviskopisch erfolgenden «Pflückvorgang» heranreifen. Auf diese Weise werden die Chancen für das Gelingen des Experiments erheblich verbessert. Zusammenfassend erzeugt man also eine «Superfertilisation», veranstaltet eine «In-Vitro-Befruchtung» extracorporal und bringt dann durch einen «Embryotransfer» den in vitro gezeugten Menschenkeim wieder in den mütterlichen Organismus zurück, wo er sich per vias naturales weiter entwickeln kann. In dieser Weise ins Leben gerufene Menschen gibt es bereits eine stattliche Reihe, die Statistik spricht von etwa 700. Menschen werden dergestalt nicht mehr in der «Liebesglut» des Verhältnisses zweier Menschen untereinander gezeugt und empfangen, sondern in der in jeder Weise sterilen Atmosphäre eines Laboratoriums «gemacht». Für den positivistisch-materialistisch eingestellten Wissenschaftler ist dies eine logische, nüchterne und sachliche Angelegenheit.

Es wurde davon gesprochen, daß unter den geschilderten Laborbedingungen menschliche Keimlinge in vielfacher Ausfertigung oder «Auflage» gezüchtet werden können, weit mehr, als für einen nachfolgenden Embryotransfer gebraucht werden. Dieser Überschuß an «Menschenmaterial» steht dann zur späteren Verwendung oder auch zu sich auf diese Weise anbietenden Experimenten zur Verfügung. In jedem Falle wird man die «hergestellten oder gemachten» Embryonen, wenn man sie nicht wegwerfen will, durch entsprechende Konservierungsverfahren aufbewahren. Dies geschieht durch Tiefgefrierung bei entsprechenden Temperaturen. Man hält auf einer sogenannten Embryonenbank menschliche Keimlinge in Vielzahl für den entsprechenden Abruf bereit, wie dies bereits seit langem mit tierischem Sperma geschieht. Ein in der Tiermedizin lang geübtes Verfahren wurde in positivistischer Konsequenz lediglich auf ein anderes biologisches Daseinsgebiet, nämlich das des Menschen, übertragen. Die weiteren, sich ergebenden Möglichkeiten, z. B. kommerziell-industrieller Nutzung, die selbstverständlich humanitär bemäntelt werden, liegen auf der Hand. Schritte in dieser Richtung bis hin zur Leihmutter mit ausgehandelten Fixpreisen oder der industriellen Verarbeitung im Sinne der Herstellung medizinisch benötigter Hormone sind bereits getan oder befinden sich im Planungsstadium. Mit daraus sich ergebenden Rechtsproblemen sind Juristen verschiedenster Länder ebenfalls bereits ausgiebig befaßt und z. T. völlig überfordert, so daß schon vielfach der Ruf nach neuen Rechtsnormen laut wurde.

Einer positivistisch-materialistischen Logistik entspricht es auch, in die nach der statistischen Zufallswahrscheinlichkeit sich ordnenden Kräfte der Vererbung im Sinne der Einflußnahme auf die Ausgestaltung der Eigenschaften des Menschenwesens «ordnend» einzugreifen. Die molekularbiologischen, wissenschaftlichen Erkenntnisse haben es ermöglicht, aus den biochemischen Grundstrukturen der Gene bestimmte Teile herauszusondern, zu entfernen und andere, von außen eingebrachte Teile an ihre Stelle zu setzen. Man betreibt eine sogenannte Genchirurgie, wobei man sich zur Einschleusung der intendierten Eigenschaften, als deren Träger, bestimmter Viren bedient. Es gelingt auf diese Weise, z. B. Pflanzenzüchtungen mit höheren Erträgen hervorzubringen. Daß diese Züchtungsversuche nicht auf das Pflanzen- bzw. Tierreich beschränkt bleiben, sondern bei entsprechendem Wissenschaftsfortschritt auch auf den Bereich des menschlichen Wesens ausgedehnt werden, liegt in der konsequenten Verfolgung dieser Forschungsideale. Wie weit Versuche in dieser Richtung bereits gediehen sind, läßt sich augenblicklich schwer abschätzen, da Forschung zunächst meist hinter verschlossenen Türen geschieht und die Öffentlichkeit erst dann davon erfährt, wenn konkrete Ergebnisse bereits vorliegen. Experimentiermaterial menschlicher Art dürfte in den geschilderten Embryobanken genügend auf Abruf zur Verfügung stehen. Es drängen sich in diesem Zusammenhang die Schilderungen von Aldous Huxley aus seinem utopischen Zukunftsroman «Schöne neue Welt» auf, wo als Visionen genetisch genormte Embryonen, ewige Jugend, ein Leben in Harmonie, ohne Krankheiten und Kriege, dargestellt werden. Auch die Schreckensvisionen von George Orwell aus seinem Roman «1984» dürfen hier nicht unerwähnt bleiben. Die in diesen Büchern beschriebenen, schreckensträchtigen und menschheitsvernichtenden Aspekte sind dabei, in die Wirklichkeit des alltäglichen Daseins umgesetzt zu werden. Die Zukunft hat tatsächlich schon begonnen. Nur träumende und in ihrem Alltagsbewußtsein schlafende Menschen können dies übersehen.

Wenn der Mensch – wie bereits geschildert – gemäß dem

Virchow'schen Lehrsatz «Omnis cellula a cellula» nur als ein aus Ei und Samen hervorgehendes Zellenwesen angesehen wird und demgemäß ein Zufallsprodukt aus Vererbung und Umwelt darstellt, fehlt ihm eine ideelle Sinngebung. Dies betrifft sowohl seine Herkunft, als auch seine weitere Existenz während des Erdendaseins. Mit dem Tode dieses physischen Zellenwesens, mit der Auflösung desselben, endet das Sein in einem ebenfalls sinnlosen Nichts. Da nach dieser Anschauung die seelischen und geistigen Eigenschaften des Menschenwesens gleichfalls aus stofflichen Funktionen hervorgehend gedacht werden, endet mit dem Zugrundegehen der Stofflichkeit auch die aus dieser stammende seelische und geistige Existenz des Menschen. Über die daraus resultierende seelische Trostlosigkeit kann sich nach Meinung der Materialisten der Mensch durch gewisse, aus dem Bereich des Glaubens stammende, religiöse Ideen hinwegtrösten. Diese werden nach marxistischer Ansicht in Form der «Religion als Opium für das Volk», also als Betäubungs- und Lebensverschönerungsmittel ausgegeben. Wirkliche, religiöse Werte können nach dieser Weltanschauung ebensowenig gedacht werden, wie die aus ihnen sich ableitende Sinngebung für Herkunft, Existenz und Zukunft des Menschen und des Menschengeschlechts. Einsichten in eine innere Entwicklung und eine daraus sich ergebende Reifung der menschlichen Individualität haben im Verfolg dieser Denkweise keinen sachlich begründeten Stellenwert. In gleicher Weise kann auch in jeglichem Erkranken des Menschen kein ideeller Sinn gesehen werden. Krankheit bedeutet hier lediglich eine lästige Störung, die von außen über den Organismus kommt oder ihm durch das Lotteriespiel der Vererbung zufällt und ihn reparatur- bzw. verbesserungsbedürftig macht. Heilung besteht demnach in der Befreiung von störenden Symptomen, im Reparieren des Organismus. Gelingt dieses, so kann der Mensch sein ungestörtes Körpersein wieder aufnehmen und in den Arbeits- und Gesellschaftszusammenhang wieder eingegliedert werden. Ziel des gesellschaftlichen und auch medizinischen Strebens muß es demnach sein, das Menschengeschlecht nach Möglichkeit von allen Krankheiten zu befreien, dem Menschen ein möglichst langes, wenn nicht ewiges, störungsfreies und natürlich jugendliches Dasein zu verschaffen und den Tod, wenn nicht zu besiegen, so doch möglichst weit hinauszuschieben. Gelingt die Verwirklichung dieser Ziele nicht, d. h. kann der Mensch nicht vor Krankheit bewahrt und von Krankheitssymptomen befreit werden, so erhebt sich die Frage nach dem «Wert» eines solchen Daseins, dem Wert sowohl für das Einzelindividuum als auch für die gesamte Gesellschaft. Es entstehen die Begriffe des «lebenswerten» bzw. «lebensunwerten Lebens». Selbstverständlich liegt es bei positivistisch-materialistischer Denkweise nahe, sogenanntes lebensunwertes Leben einfach zu vernichten, insbesondere in Anbetracht der Tatsache, daß dieses lebensunwerte Leben eigentlich diejenigen, die in der glücklichen Lage sind, ein lebenswertes Leben zu führen, daran hindert, dieses lebenswerte Leben auch auszuleben. Alle Gedanken und Geschehnisse, die sich um den Begriff der Euthanasie herumranken, liegen in dieser Richtung.

Zweierlei ergibt sich aus dem Verfolg dieser Gedankengänge: Das eine ist der Maßstab für die Festsetzung der Begriffe «lebenswert» und «lebensunwert». Das andere sind die Nuancen für die Durchführung von Sterbehilfemaßnahmen. Die letzteren sind sehr weit gespannt und reichen von der Erleichterung des Sterbens z. B. durch Schmerzlinderung mit Narkotika bis zur Lebensverkürzung durch Unterlassung von Hilfeleistung oder schließlich bis zu Verabfolgung von Giften bei Schwerkranken. Man spricht von passiver bzw. aktiver Sterbehilfe. Auch das Beseitigen von Geisteskranken und Schwachsinnigen oder das Austilgen ganzer, rassistisch nicht genehmer Völker, wie es z. B. von den Nationalsozialisten während der 12jährigen Schreckensherrschaft des 3. Reiches planmäßig und bewußt angestrebt und durchgeführt wurde, gehört hierzu. Die zuletzt erwähnten schrecklichen Ereignisse haben so nachhaltig gewirkt, daß über Jahrzehnte hinweg eine Scheu bestand, Probleme der Euthanasie weiterzubedenken und in Realität umzusetzen. In den letzten Jahren tauchen jedoch zunehmend Stimmen auf, die eine Euthanasie, d. h. wörtlich «einen schönen Tod» im Sinne einer aktiven

Sterbehilfe mehr und mehr befürworten. Das Verhalten einzelner – wie z. B. des Arztes und Professors Hackethal – wirkt in dieser Richtung herausfordernd, aber auch bahnbrechend, auch wenn sich die deutsche Ärzteschaft von diesem Vorgehen energisch distanziert hat und diesbezügliche Ansinnen als unmoralisch ablehnt. Es bedeutet sicher nicht die Lösung des Euthanasieproblems oder des speziellen Problems der aktiven Sterbehilfe, wenn um die moralische oder unmoralische Akzeptanz der hierzu verwendeten Mittel diskutiert wird. Eine Problemlösung wird ebenfalls nicht durch Einsetzen sogenannter Ethikkommissionen, durch formaljuristische Neufassung von Paragraphen des Strafgesetzbuches, durch Änderung des Berufsrechts der Ärzte oder auf sonst einem Verordnungswege erreicht werden können. Eine Antwort auf die anstehenden Probleme wird sich nur ergeben, wenn die zuerst erwähnte Frage nach dem Maßstab für die Begriffe lebenswert oder lebensunwert neu gestellt wird. Das bedeutet aber, die Frage nach dem Wesen des Menschen, seiner Abkunft, seiner Sinngebung hier auf der Erde und seiner Zielsetzung zu stellen und neu und anders zu fassen, als es in der heute etablierten Wissenschaft geschieht. Es ist außerordentlich bedeutsam, zu realisieren, daß aus dem Verfolg dieser Erkenntnisrichtung die geschilderten Tendenzen über die Manipulationen mit dem Menschenleben nicht als verderbliche Fehlentwicklungen für die Menschheit erkannt werden können. Die materialistisch-positivistische Erkenntniseinstellung liefert keine Möglichkeit zu einer Einsicht hierüber. Was an moralischen Einwänden in der Öffentlichkeit auftaucht oder von Ethikkommissionen erarbeitet wird, stammt meist aus noch vorhandenen instinktiven Einsichten früherer Zeiten, d. h. aus religiöser, meist konfessionell tingierter Tradition oder aus ethisch-juristisch festgelegter gesellschaftlicher Konvention. Tradition und Konvention haben ihre Wurzeln nicht im Denkansatz der Neuzeit. Hierüber täuschen sich die Menschen – vielleicht sogar gewollt – meistens einfach hinweg.

Welche Möglichkeit einer Weiterentwicklung gibt es aufgrund des Gesagten überhaupt noch? Wenn die Menschheit auf dem eingeschlagenen Weg weitergeht, muß sie sich ehrlicherweise und nüchtern eingestehen, daß es für sie kaum eine Chance gibt, dem dargestellten Debakel zu entrinnen. Sie wird sich entweder aufgrund der vorhandenen, atomaren Möglichkeiten in die Luft sprengen oder – was fast noch schlimmer ist – sie wird sich in eine generalisierte Normierung mit Unterdrückung jeglicher Individualisierung hineinentwickeln. Es gibt dann zwar ein Fortbestehen des Menschengeschlechts, aber keine Menschwerdung im Sinne der freien Entfaltung und Entwicklung der menschlichen Individualität mehr. Der einzige Weg, der aus der sich anbahnenden Katastrophe herausführen und eine Weiterentwicklung des Menschengeschlechts gewährleisten kann, liegt in der menschlichen Individualität selbst. Nur in der Besinnung auf die Kraft, die in der Einzelindividualität selbst steckt, ist der Ansatz für eine Weiterentwicklung des Menschen und des Menschengeschlechts zu finden. Diese Kraft ist das Denken, das den Menschen von allen Wesen dieser Erde, auch vom Tier, unterscheidet. Diese Denkkraft kann er in zwei Richtungen lenken: Er kann sie einerseits zum Erkennen materiell-irdischer Zusammenhänge gebrauchen und letztlich eine positivistische Weltanschauung mit entsprechenden, aufgezeigten Konsequenzen kreieren. Eine solche Entwicklung geschah in den letzten 4–5 Jahrhunderten. Er kann diese Denkkraft aber auch auf die Untersuchung seines eigenen Wesens als geistige Entelechie, als Individualität, richten. In diesem Falle gilt es zu erkunden, wieweit das Denken nicht nur fähig ist, zu philosophieren und philosophische Zusammenhänge darzustellen, sondern inwiefern es im Stande ist, durch Intensivierung und Verstärkung der ihm innewohnenden Kraft den Schauplatz zur Erfassung der konkreten Wesenhaftigkeit zunächst der Individualität selbst, dann aber auch der realen Weltzusammenhänge abzugeben. Ein derartiges Erkennen beschränkt sich nicht auf den sinnlichen meß-, zähl- und wägbaren Bereich und dessen philosophische Deutung, sondern umfaßt auch die den sichtbaren Erscheinungen zugrunde liegenden transzendenten Kräfte und deren reales Wirken.

Im Verfolg einer solchen Erkenntnisart zeigt sich für das

Wesen Mensch, daß es zwei Wesensteile beinhaltet, nämlich einen somatisch-irdischen und geistig-übersinnlichen, d. h. nicht irdischen Anteil. Ersterer ist der Erkenntnisart zugängig, die sich an Maß, Zahl und Gewicht orientiert. Der Letztere entzieht sich zunächst dieser Erkenntnismethode. Er wird von ihr nur in seinen Auswirkungen auf den physischen Bereich erfaßt. Er ist aber nicht weniger real als jener. Der irdisch-sinnliche Wesensteil, d. h. die Körperlichkeit des Menschen, stammt aus der irdisch-sinnlichen Kräftewelt (Omnis cellula a cellula). Er ist dieser unterworfen und somit vergänglich. Der geistig-übersinnliche Anteil hingegen entstammt nicht der physischen Welt. Er ist von dieser nur bedingt, d. h. in seiner Verbindung mit dem Körper, abhängig. Er unterliegt nicht der Vergänglichkeit, sondern bedient sich während seines irdischen Daseins lediglich des Werkzeugs einer irdischen Leiblichkeit, um durch diese im irdischen Bereich einerseits Eindrücke empfangen und Erfahrungen sammeln zu können und um andererseits die Möglichkeit zu erhalten, in diese irdische Welt im Sinne seiner Selbstverwirklichung hineinzuwirken.

Im Zusammenhang mit dem irdischen Leib entwickelt die Individualität des Menschen ihre Biographie. In der Verwirklichung und Reifung dessen, was in der Individualität, dem Ich des Menschen schlummert, liegt dasjenige begründet, was «Menschenwürde» genannt wird und was das Grundgesetz unseres Staates mit den Worten «Die Würde des Menschen ist unantastbar» schützt.

Die menschliche Individualität kann sich auf der Erde dann am besten verwirklichen, wenn sie einen Körper hat, der ihrem Wesen, ihren Intentionen, optimal entspricht. Das wird eine Leiblichkeit sein, die sie sich selbst, d. h. ihrem Schicksal gemäß, aufbaut. Ein solcher Vorgang geschieht naturgemäß während des Ablaufs der Schwangerschaft. Bereits hier, am Anfang der Embryonalentwicklung, greift die wesenhafte Entelechie des Menschen in das scheinbar zufällige Spiel der Vererbungskräfte ein und ordnet diese so, wie es in den Schicksalsintentionen des menschlichen Ich liegt. Hier wird ein geheimer Sinn in dem scheinbar zufälligen Lotteriespiel der Vererbung erkennbar. Hier, im vorgeburtlichen Bereich, liegen die Anfänge menschlicher Würde. In gleicher Weise entspricht es andererseits der Menschenwürde, wenn zwei sich liebende Menschen durch ihr Verhalten einem dritten menschlichen Wesen die Möglichkeit eröffnen, in irdische Verhältnisse «einsteigen» zu können, d. h., einen irdischen Leib zu erhalten und diesen im Verein mit den dargebotenen Erbverhältnissen während der Embryonalentwicklung auszugestalten. Es wird ein Menschenwesen, wie es ganz richtig heißt, «empfangen» und nach geschehener Befruchtung «erwartet», nicht – wie es, der technischen Machbarkeit entsprechend, illusionär ausgedrückt wird – «es wird ein Mensch gemacht». Demjenigen, der qualitativ-wesensgemäß zu denken im Stande ist, wird sich der Unterschied, der in beiden Handlungsweisen liegt, bei nicht nur oberflächlicher Betrachung sehr deutlich ergeben, zumal, wenn er das berücksichtigt, was mit dem Begriff Menschenwürde und ihrer Verwirklichung zusammenhängt, so wie es oben ausgeführt wurde. Einer nur auf das Machbare gerichteten Anschauungsweise muß der Unterschied verborgen bleiben.

Gemäß dem Ausgeführten bedarf es keiner weiteren Erläuterung, daß Versuche, die Vererbungskräfte durch Gen-Chirurgie etc. in bestimmter Weise zu manipulieren und durch menschlich-intellektualistische Willkür zu verändern, in keiner Weise der *Verwirklichung der Intentionen* der menschlichen Individualität dienen können. Im Gegenteil, sie verhindern gerade die Selbstverwirklichung der Individualität und korrumpieren diese Möglichkeit auf das Gröbste und Menschenunwürdigste. Die Menschenwürde wird hier geradezu mit Füßen getreten und in radikalster Weise «angetastet». Aus dieser Einsicht heraus müssen alle derartigen Menschenzüchtungsversuche unterbleiben, wenn nicht größter und nicht mehr gut zu machender Schaden für die gesamte Menschheit eintreten soll! Der Mensch greift hier nach einem der größten Geheimnisse seines eigenen Werdens und stellt mit weiterer Realisierung derartiger Manipulationen seine eigene Existenz mindestens in gleicher Weise in Frage, wie er sie in Frage gestellt hat mit der Entdeckung der Kernspaltung und der daraus sich ergebenden Entwicklung negativer, menschheitsvernichtender Wirkungen.

Selbstverständlich wird Menschenwürde und Menschenrecht auch bei der Tatsache der Abtreibung in grober Weise verletzt und mißachtet. Hier wird einer Individualität, die sich gerade anschickt, sich aus den irdischen Gegebenheiten eine Leiblichkeit gemäß ihren Schicksalsintentionen aufzubauen und auszugestalten, diese irdische Leibesgrundlage durch Entfernung derselben aus dem mütterlichen Organismus – aus welchem Grund auch immer – unter Mißachtung des Rechts und der Würde dieser menschlichen Entelechie wieder entzogen.

Es sei zum Schluß noch ein Blick geworfen auf das Problem der Euthanasie im weitesten Sinne. Der Mensch hat eine zweifache Abkunft: Eine irdisch-leibliche und eine geistige. Über die Erstere vermag eine materialistische Anschauungsweise sehr vieles auszusagen, über die Letztere gar nichts, weil diese für sie nicht existiert. Hier muß eine andere, dem Transzendenten gemäße Erkenntnisart Auskunft geben. Beide Erkenntnisarten sollten im pluralistischen Sinne als real angesehen werden. Tut man dies, so bemerkt man, daß die beiden menschlichen Wesensteile in einem gewissen Widerstreit liegen. Der geistige Wesensteil, die Individualität, muß, um sich zu verwirklichen, die aus dem leiblich-irdischen Wesensteil stammenden Kräftewirkungen, z. B. die Gravitationskräfte, die chemisch-physikalischen Kräfte, aber auch die Vererbungskräfte, überwinden und sich zu eigen machen. In der Überwindung dieser im physischen Bereich liegenden Kräfte besteht ein Teil ichhafter Selbstverwirklichung. Treten dem Menschen im Verlaufe seiner Biographie verstärkte Hindernisse, z. B. Krankheiten entgegen, so wird sich die Individualität, um ihrem Daseinssinn, sprich der Selbstverwirklichung, gerecht zu werden, in vertiefterem Maße zur Überwindung dieser Krankheitshindernisse engagieren müssen. Dies um so mehr, wenn diese Krankheiten z. B. existenzbedrohend sind. Krankheit, unter diesem Aspekt betrachtet, bedeutet dann nicht nur eine negative Behinderung für den Menschen, sondern eine schicksalmäßige Aufforderung an die Individualität, sich in verstärktem Ausmaß für ihre Weiterentwicklung zu betätigen. Leid kommt in diesem Sinne – so paradox das klingen mag – einem «Geschenk der Götter» an den Menschen gleich, um ihn zu intensivierter Entwicklung und Reifung zu bringen. In diesem Sinne bedeutet das positivistische «Wegmachen» von Krankheitssymptomen für den Menschen eher ein Hemmnis auf seinem Entwicklungsweg, so paradox dies auch klingen mag.

In diesem Punkte unterscheidet sich der Mensch grundsätzlich vom Tier, da dem Tier eine biographische Persönlichkeitsentwicklung mit Reifung der Individualität mangelt. Das Tier ist und bleibt auch in Krankheit und Tod nur Gattungswesen. Sieht man den Menschen gemäß positivistisch-materialistischer Erkenntnisart ebenfalls als ein zwar hochentwickeltes, jedoch der Gattung Homo sapiens angehörendes Gattungswesen an, so wird man ihn, wenn er erkrankt, mit allen Mitteln von seinen Krankheitssymptomen zu befreien versuchen, oder, wenn dies nicht gelingt, von seinem Leiden – wie es beim Tier geschieht – durch Vernichtung seiner leiblichen Existenz zu «erlösen» trachten. Sieht man ihn aber als eine Individualität an, die im Krankheits- ja auch im Todesprozeß eine Reifung und Vollendung erfährt und auf diese Weise das Phänomen der Menschenwürde offenbart, so wird man ihm diesen Reifungsvorgang unter keinen Umständen einfach durch Vernichtung seiner physischen Existenz nehmen und auf diese Weise seine Menschenwürde antasten dürfen. Die allein menschenwürdige Verpflichtung wird und muß dann darin liegen, dem Leidenden oder auch dem Sterbenden in seinem «Vollendungsprozeß» mit aller Kraft menschenwürdig beizustehen und verständnisvoll zu helfen. Das bedeutet keinesfalls, daß z. B. der Arzt nicht aufgerufen wäre, Leid zu lindern. Das kann und darf aber niemals heißen, daß die Berufung des Arztes darin bestände, Leid einfach abzuschneiden und zu verkürzen. Der Arzt und sämtliche beteiligten Mitmenschen sind aufgerufen, in unsentimentaler Weise reales *Mitleid* zu entwickeln, d. h. in echter, menschenwürdiger Weise mit dem Kranken mitzuleiden und auf diese Weise dessen Leid in wahrer Menschlichkeit mitzutragen. Dies allein ist menschlich und entspricht dem viel zitierten Phänomen der Menschenwürde. Ein solches Verhalten erfordert weit mehr Kraft, Mut und Hingabe, als einem Leidenden – wie bekanntermaßen geschehen – durch eine dritte Person – damit man nicht selbst im Sinne irdischer Gesetzgebung straffällig werde – Zyankali oder ein sonstiges Gift überbringen zu lassen und dann an einem entfernten Ort auf den Anruf zu warten, um hineilen und befriedigt den Tod feststellen zu können und damit in der illusorischen Meinung zu leben, man habe «menschlich-mitleidend» gehandelt.

Was aufzuzeigen war, ist die zweifache Abstammung des Menschenwesens. Erklärt man die irdische Abstammung gemäß den Voraussetzungen einer materialistischen Weltanschauung als die einzig wahre und allein geltende, so mündet die Entwicklung zwangsläufig und konsequent in Ansichten und Handhabungen, die zur Vernichtung des Menschen und zur Korrumpierung seiner Entwicklung auf der Erde führen müssen. Es gilt also, den zweiten, geschilderten Menschenwesensteil, die geistige Entelechie, ins Auge zu fassen und aus dem Erkennen derselben und dem Erfassen ihrer Sinngebung hier auf der Erde menschengemäße und menschenwürdige Ansätze zu finden, die eine Weiterentwicklung des Menschengeschlechts und des individuellen Einzelmenschen gewährleisten können. Die Ansätze hierzu wurden aufgezeigt und verfolgt. Sie liegen in der Individualität des Menschen selbst und in seiner Begabung zu einem individuellen Denkwesen gemäß der aus der Antike herüberklingenden Aufforderung an den Menschen, die auch heute und gerade heute unumschränkte Gültigkeit hat: «ΓΝΩΦΙ ΣΕΑΥΤΟΝ», «Erkenne dich selbst».

Anmerkungen:

1 Zuerst erschienen in «Das Goetheanum», Nr. 24/25 1985.

Genetik und die Gefährdung der Menschwerdung

Mit welcher Wirklichkeit wollen wir leben?

Von Hans Müller-Wiedemann

1. Kritische Bemerkungen zur Biogenetik

Die folgenden Gedanken zur Gen-Technologie beziehen sich hauptsächlich auf die frühe Keimesentwicklung und die Konzeption, jenen Zeitraum der Menschwerdung, der in der jüngsten Zeit erhebliche rechtliche, sozialpolitische und theologisch-philosophische Diskussionen hinsichtlich des Umgangs mit dem Menschenkeim in frühen Entwicklungsstadien hervorgerufen hat.

Auf spezifisch rechtliche Gesichtspunkte hinsichtlich dieser Fragen kann ich hier nicht eingehen. Es soll vielmehr der Versuch gemacht werden, in der Kritik der genetischen Erkenntnis-Ansätze zugleich eine geisteswissenschaftlich orientierte Richtung zu verfolgen, die sich auf die gegenwärtig gestellte Frage nach den Kriterien des Mensch-Seins bezieht.[1]

Es sollen hier zunächst zwei Experten-Aussagen zum Anlaß einer allgemeinen Betrachtung gemacht werden, da sie symptomatisch sind für den Bewußtseinszustand der genetischen Forschung, die sich mit dem werdenden Leben des Menschen beschäftigt. Beide Aussagen, die sich auf die frühe Embryonalzeit beziehen, sind – wie sich zeigen wird – hypothetisch, treten aber dennoch in den Diskussionen mit großem praktischem Gewicht auf. Sie entstammen Denkgewohnheiten, die sich hinsichtlich alternativer Denkmöglichkeiten auf eine Sinneswahrnehmung begrenzen, welche nur durch eine den Beobachtungs-Instrumenten innewohnende Intelligenz ermöglicht wird (wie z. B. durch das Mikroskop).

So wird z. B. argumentiert, daß dasjenige, was im Mikroskop nach der Befruchtung und den ersten Teilungen zu sehen ist, «vom Ei irgendeines anderen Säugetieres nicht zu unterscheiden ist», daß also kein Hinweis auf eine spezifische menschliche Gestalt, bzw. ein menschlich-individuelles Bewußtsein gegeben ist.[2] Eine solche Auffassung hat zur Folge, daß, wird sie wissenschaftlich dogmatisiert, der menschliche Keimling mindestens bis zu seiner Einnistung in die Gebärmutter, d. h. in den ersten Tagen ein ungeschütztes «Rechtsgut» gegenüber Eingriffen und Experimenten ist. Nach einer zweiten, anderen Aussage wird ihm dieser Schutz erst vom Zeitpunkt des Auftretens eines individuellen Bewußtseins gewährt, welcher etwa um den 42. Tag angesetzt wird (Ausbildung der Grundstruktur des zentralen Nervensystems) und mit dem dann auch – wie das Argument sagt – Schmerzempfindlichkeit gegeben ist. Die Empfehlung des European Medical Research Council spricht in dieser frühen Entwicklungsphase vor der Einnistung des befruchteten Eiorganismus in die Gebärmutter in der dritten Woche von einem «Präimplantationsprodukt».[3]

Inzwischen deuten immer neue sprachliche Benennungen in der Fachsprache hinsichtlich der frühen Stadien auf eine Argumentation, welche wiederum die symptomatische Tendenz zeigt, den Handlungsspielraum der Forschung, d. h. die Legitimation von Experimenten am Embryo in frühen Entwicklungsstadien offenzuhalten, symptomatisch deshalb, weil sich hier ein Vorgehen zeigt, welches in seinen Argumentationen auf angewendete Forschung hinzielt und von daher die Motive des Erkenntnisbemühens herleitet. Damit gefährdet aber die Wissenschaft die ihr zugestandene Forschungsfreiheit, welche sich nicht zugleich auf eine Vorgabe von Handlungsfreiheiten bezieht. Gerade die genetische Forschung hat dadurch ethische Begrenzungsnotwendigkeiten von außen auf den Plan gerufen, es sei denn, ihre Vertreter könnten an dieser Stelle eine Reflexion auf ihre Methodik einschieben, die dringend erforderlich scheint. H. Jonas[4] hat in einer Untersuchung zum Verhältnis der Freiheit der wissenschaftlichen Forschung zum öffentlichen Wohl mit Recht festgestellt, daß «nicht nur die Grenze zwischen Theorie und Praxis unbestimmt geworden ist, sondern beide im Innersten der Forschung miteinander verschmolzen sind, so daß das altwürdige Alibi ‹reiner Theorie› nicht mehr besteht und mit ihm die moralische Immunität dahin ist, die es gewährte». Und weiter: «In dem Grade daher, in dem der Vollzug der Wissenschaft mit welthaftem Handeln durchsetzt wird, gerät er unter die gleiche Herrschaft von Recht und Gesetz, gesellschaftlicher Zensur und sittlicher Bildung oder Mißbilligung, der jedes äußere Handeln in einem Gemeinwesen unterliegt. Und natürlich hört seine eigene interne Moral auf, rein territorial zu sein: schon die Mittel und Wege des Wissenserwerbs können ethische Fragen aufwerfen, lange bevor die extraterritoriale Frage nach der Benutzung des so erworbenen Wissens sich stellt.»

Nun ist zu dem ersten, oben angeführten Argument zu sagen, daß die begrenzende Aussage, daß es sich in den frühen Stadien der Embryonalentwicklung nur um Zellen, die wachsen und sich teilen handelt, nur auf dem Hintergrund der Ausklammerung eines *impliziten Wissens* im Beobachter möglich ist, welches sagt, daß es sich bei dem beobachteten Zeitpunkt der menschlichen Embryonalentwicklung nach der Befruchtung um eine Entwicklung handelt, die, wenn sie sich selbst überlassen bleibt, weder einen Affen, noch ein Känguruh noch eine Taufliege, sondern eine Menschengestalt entstehen lassen wird. Daß wir zunächst nicht sicher wissen, *wie* diese Gestalt zustande kommt, hindert nicht, implizites Wissen als eine erfahrbare Wirklichkeit zu behandeln. Es sei denn, wir entscheiden uns unter dem Dogma einer Wissenschaft, die ihre Gegenstände radikal objektiviert, um kausalschlüssig zu betrachtende Abläufe zu schaffen, die potentielle Einsicht impliziten Wissens auszuklammern und uns statt dessen zu der bloßen Behauptung zu versteigen: diese Menschengestalt sei letztlich das Ergebnis genetischer Instruktion. Diese wiederum ist veränderbar, d.h. manipulierbar. Durch diese Ausblendung tritt dann die Situation ein, die technologisches Handeln als Teil der Wissenschaft möglich macht aber noch längst nicht legitimiert. Nach Jonas ist in der Gegenwart auch hier die Situation der biomedizinischen Forschung so, «daß sich die oben schon erwähnte Fusion von Therapie und Praxis im

Wissenschaftsprozeß noch einmal qualitativ verschärft.» Dabei ist hinsichtlich der Methodik zu beachten, daß «der Weg zum Wissen das tatsächliche Herstellen der Entitäten selber ist, worüber das Wissen gesucht wird und deren Nützlichkeit ausprobiert werden soll.» «Um zu entdecken», so weiter Jonas, «was solche Wesen vermögen, muß man sie erst erschaffen, ja ihre bloße Möglichkeit überhaupt durch die vollendete Tatsache beweisen. Damit verwandelt sich der theoretische Forscher zum praktischen Schöpfer im Akt des Forschens selbst... So fällt hier das ‹Experiment› im Unterschied zu seiner nachbildenden Rolle in bisheriger Forschung, mit der ursprünglichen Erzeugung des Forschungsobjektes zusammen. Der Erkenntnisvorgang wird zum originativen Machen. Dies ist selber ein Novum in der Geschichte des Wissens... Aber der jetzige Fall enthält den weiteren Schritt, daß das innerwissenschaftliche Tun im Ernst die Wirklichkeit erst hervorbringt, die dem normalen Versuch vorgegeben ist.»

Es käme also zunächst darauf an, in den Definitionen einer Wissenschaft, die zugleich Technologie ist, die Verdrängung in den anfangs zitierten Aussagen wahrzunehmen. Derartige öffentliche Verlautbarungen der Wissenschaft haben schon vor ihrer praktischen Umsetzung eine hohe soziale Wirksamkeit, der gegenüber sich die wissenschaftliche Gemeinschaft verantworten muß, was sie aber im allgemeinen nur ungenügend tut. Schärfer noch hat der Physiker A. M. K. Müller von einer «Bewußtseinsverweigerung» gesprochen, welche den Bemächtigungscharakter der in theoretische Begrifflichkeit gefaßten Natureroberung bestimmt. Er sagt: «Der Eingriff, der ins Galiläische Erkenntnis- und Verwertungsraster führt, ist ein technischer, und er produziert durch seine in der Bemächtigungstendenz liegende Einseitigkeit die Trennung zwischen Technik und Ethik. Zu hoffen, daß man die Ethik nachträglich wieder inkorporieren könne, ist die Lebenslüge dessen, der meint, die Machtausübung die er an sich feststellt und über die er erschrickt, in einem zweiten Schritt durch Anbindung an ‹Werte› rechtfertigen zu können. Aber die Werte, wenn sie beschworen werden, kommen regelmäßig zu spät; wir haben nicht die Wahl eines zweiten korrigierenden Schrittes, *wenn wir im Erkenntnisprozeß schon gewaltsam geworden sind*».[5]

2. *Implizites Wissen*

An dieser Stelle ist es nützlich, die Qualität impliziten Wissens, von dem die Rede war, anzuschauen. M. Polanyi[6] hat gezeigt, daß diese Weise des Wissens am Anfang und am Ende wissenschaftlicher Exploration und der entsprechenden Problemerfahrung steht. In unserem Falle würde es sich um die Alternative einer gedanklich zu vollziehenden Wahrnehmung der phänotypischen Erscheinung des Menschen, d. h. seiner irdischen Gestalt als «Typos» handeln, und die damit verbundene Frage, in welcher Weise das genetische Material des Genotypus in den Gestaltwerde-Prozeß von der Befruchtung an einbezogen ist. Dadurch würde jeder beobachtbare Entwicklungsschritt eine neue Erkenntnis-Signatur erfahren. Die Frage nach der Embryogenese ginge dann also von einem erkenntnisleitenden Charakteristikum aus, welches offen bleibt und nicht, wie in anderem Falle, von einem wie immer gearteten kausalen Gedankennetz schon determiniert ist. Weiterhin würde dann deutlich, daß die naturwissenschaftlichen Untersuchungen von einer instrumental erweiterten Beobachtungstechnik ausgehen, welche auf diese Weise erfahrene, untersinnliche Elemente der Entwicklung als «Genetik» abgesondert vom Gesamtzusammenhang betrachten. Auf Selbsterkenntnis befragt bedeutet dieses Vorgehen, daß der Forschende sich entschieden hat von einer Wirklichkeit abzusehen, die nicht nur als impliziter Erkenntnisvorgang intuitiv erfaßbar ist, sondern die als eine *erkannte Wirklichkeit* möglicherweise zugleich im embryonalen Entwicklungsvorgang auch *wirksam* – in die Gestaltbildung des Menschenwesens eingreift, d. h. die Wirksamkeit und Wirklichkeit des genetischen Materials auf die phänotypische Gestaltbildung im Zeitprozeß *umwandelt.* Wir haben also die Möglichkeit vor uns, daß in solchen Fällen im impliziten Wissen, «die Struktur des Verstehens und die Struktur des Verstandenen als einer komplexen Entität sich entsprechen» (Polanyi). Erst dann wäre zu untersuchen wie verschiedene Wirklichkeitsebenen ineinander übergehen und jeweils verschiedene Erkenntnismethoden erfordern.[7]

Die entscheidende Qualität dieses Vor-Wissens wird von Polanyi beispielhaft an der Art und Weise erläutert, wie wir etwa in der sinnlichen Wahrnehmung eines menschlichen Antlitzes oder einer Menschengestalt vorgehen, indem wir nicht an Einzelheiten von Merkmalen «proximaler» (d. h. nahegelegener) Natur hängenbleiben, sondern uns darüber hinaus im Sinne einer Wahrnehmung der Gesamtgestalt zu dem bedeutungtragenden «distalen» (d. h. weiter entfernten) Gesamt erheben.

Was wir auf diese Weise implizit wissen, müssen wir dann auf die «Organe» hin untersuchen, welche uns dieses Wissen ermöglichen. Im impliziten Wissen partizipiert der Erkennende in der Gedankenbildung mit seinem Gegenstand auf dem Niveau der Teilhabe der Wirklichkeit des Denkens an der Wirklichkeit der Phänomene. Dies enthebt uns jedoch nicht der jetzt neu zu stellenden Frage nach dem Verhältnis einer solchen distalen Erkenntnis zu den «proximalen» einzelnen Merkmalen, d. h. nach dem Verhältnis zweier Realitätsebenen, die unterschiedlichen Prinzipien unterstehen. M. Polanyi sieht in der Wahrnehmungsfähigkeit, die der Mensch hinsichtlich der Gesamtheit seiner Leibesorganisation hat, ein integratives *Organ* für implizites Wissen, welches nicht durch die Integration expliziter Merkmale ersetzt werden kann. Die Bedingungen impliziten Wissens sind deshalb auch dadurch charakterisiert, daß sie – wie die Leibeserfahrung – nicht formalisierbar sind und dennoch existentielle Wirklichkeit erfassen. So wirklich diese Erfahrung auch ist, so schwierig ist es zunächst «eine tragfähige Alternative zum Ideal der Objektivität zu finden. Dies ist in der Tat die Aufgabe, auf die uns die Theorie des impliziten Wissens vorbereiten sollte» (Polanyi).

Im Einzelnen hat Polanyi in einem hypothetischen Ansatz die

Beziehung von Realitätsebenen generell in einem hierarchischen Modell beschrieben, in dem jeweils die untere Ebene ihre eigene Determination besitzt, jedoch «marginale» Regulationsprinzipien ausbildet, die an ihren Rändern den Einfluß einer nächst höheren Ebene erlauben. Ich verweise in diesem Zusammenhang den Leser auf die prinzipiellen, weiterführenden Angaben Rudolf Steiners, die er in bezug auf die verschiedenen Wesensglieder des Menschen und der Naturreiche und deren Beziehungen zueinander gegeben hat. Es kann dies jedoch hier nicht weiter verfolgt werden.[8]

Es könnte sich aber zeigen, daß die Verhältnisse von proximalen zu distalen Realitätsebenen Gegenstand eines verlebendigten rhythmischen Denkens werden können, welches sich zwischen den Begriffen Zentrum und Peripherie oder Vergangenheit-Zukunft sowohl im Denken als auch in der Anschauung von Entwicklungsphänomenen zeigen kann.

So kann gefragt werden: Welche Peripherie realisiert sich im genetischen Zentrum des Keimmaterials bei und nach der Konzeption? Oder: in welchem Verhältnis bewegen sich Peripherie und Zentrum im Laufe der Entwicklung zueinander? Ist die dreigegliederte vollentwickelte Menschengestalt ein Real-Bild, d. h. eine ausgebildete Imagination von den Verhältnissen zentraler und peripherer embryonaler Entwicklungsfelder?

Zur Signatur des impliziten Denkens zurückkehrend darf gesagt werden, daß es sich dabei um eine teilhabende intuitive Denkbewegung handelt, welche gegenüber der analytischen und objektivierenden Behandlung der Sinneserscheinungen ihren Gegenstand lieben lernt. Wir haben es mit einer moralisch-ethischen Dimension zu tun, an welcher die Würde der Wissenschaft entsteht und woher sie sich legitimieren kann, da diese Dimension innerhalb ihrer Methodik – wenn auch zunächst verborgen – anwesend ist. Erst die Aktualisierung und Wiederentdeckung impliziten Denkens als natürliche Intuition wird – wie sich zeigt – der Menschengestalt und deren Werden eine Dimension hinzufügen, auf welche sich die Rede von der Würde der Wissenschaft und damit die Rede von der Würde des Menschen beziehen kann. «In der Tat ist die Menschenwelt Gestalten-Welt, geformter und bewerteter Erfahrungs- und Wahrnehmungsraum, nicht allein signalliefernde Umwelt wie bei den instinktbestimmten Tieren. Es erwachsen der Wissenschaft daraus Verpflichtungen. Will sie Hilfe zur Lebensführung leisten, so muß sie ihre Befunde auf die Wahrnehmungsformen und die Weltgestaltung beziehen»[9]. Diese Dimension offenbart sich nicht zuletzt *sinnlich* in der physischen menschlichen Gestalt. Die gegenwärtige Genetik kann diesen Würdegedanken aus der Einseitigkeit ihrer Methodik nicht entwickeln. Sie kann die Würde der Menschengestalt und die Unantastbarkeit des physischen Leibes, welche auch noch beim entseelten Leib – dem Leichnam – vorliegt nicht in ihrer Methodik aufnehmen, solange sie einseitig nur auf dem auf kausales Denken gründenden Prinzip der Machbarkeit – dem gegenüber andere Erkenntnisprinzipien unnütz erscheinen müssen – beharrt. Wie «zeigt» sich aber die Würde des Menschen?

3. Die Menschengestalt und der Ich-Sinn

Die Würde des Menschen und seiner Gestalt bedarf weder rationaler Herleitung noch kann sie durch moralische Belehrung hergestellt werden. Nimmt man die Ausführung Rudolf Steiners zu einer Erweiterung der Sinneslehre in unserem Jahrhundert ernst, in der er die kommunikative Erfahrung des Ich-Sinnes dargestellt hat, so zeigt sich, daß in der sinnlichen Offenbarung der Menschengestalt zugleich sein ewiges Ich-Wesen durchscheint, d. h. zum Phänomen wird.[10] Es ergibt sich ein Weg für die *unmittelbare* Erfahrung des Ich im anderen Menschen. Indem wir auf diese Erfahrung reflektieren, können wir von dem inkarnierten Menschen-Ich sprechen, das uns in der Menschenform gegenübertritt. Es ist diese Erfahrung, aus der uns das «Du» entgegentönt. Rudolf Steiner hat darauf Wert gelegt festzustellen, daß diese Wahrnehmung eine rein sinnliche ist und nicht durch ein gedankliches Urteil verifiziert werden muß. Sie erweist sich zugleich als eine Weise impliziten Erkennens, das in sich das Fundamental-Motiv jedes moralischen zwischenmenschlichen Handelns trägt. Von dort her kann erst die Rolle des «genetischen Materials» einer sinnvollen Untersuchung unterliegen. Auch in der Mißbildung ist die Ichhaftigkeit der Menschengestalt durchsichtig. Die Gestalt, in welcher das andere Ich zur Offenbarung kommen kann, ist eine individuelle, d. h. die Offenbarung einer Individualgestalt als Typus.

Durch die Wissenschaft von der Reinkarnation können wir wissen, daß diese Gestalt bis in die Organbildungen hinein die Spuren eines Schicksalsgefüges trägt, in dem das Menschen-Ich vorgeburtlich, d. h. zwischen dem letzten Erdentod und seiner jetzigen Geburt lebt und die schon vor der Inkarnation die moralischen Ergebnisse vergangener Erdenleben wieder aufnimmt, um die neue Leibesbildung in der dritten Woche nach der Konzeption zu konstituieren. Es ist diese geistig-übersinnliche Welt, die sich nach der Konzeption zunehmend mit dem Vererbungsmaterial auseinandersetzt, so daß in dieser Auseinandersetzung weder nur Vererbungsduplikate noch bloße Reproduktionen erscheinen, sondern das Menschen-Ich sich seine individuelle Schicksalsgestalt bildet. Indem der Mensch in den Inkarnationsprozeß eintritt, entfällt dabei seinem Bewußtsein bis zur Geburt zunehmend dasjenige, was er in der geistigen Welt erlebt hat. Diese Erlebnis-Substanz wird zur Leibesbildung «verbraucht».

Die Genetik und die Embryologie haben die Aufgabe, eben diesen Prozeß der Gestaltwerdung verstehen zu lernen und die damit verbundene Dramatik: ob nämlich in dieser Auseinandersetzung die gestaltbildende Wirkung der menschlichen Wesenheit sich durchsetzt oder das Erbgut sich in den Bildevorgängen als bestimmend erweist. In den beiden ersten Vorträgen des heilpädagogischen Kurses hat Rudolf Steiner diese Fragestellung als eine Erkenntnisaufgabe des Heilpädagogen vorgezeichnet.[11]

Nach den geisteswissenschaftlichen Forschungen, die zur Embryogenese vorliegen, greift das menschliche Ich-Wesen, zusammen mit seinem Seelenleib und dem individuellen Bildekräfteleib aus der kosmischen Peripherie schon um die dritte Woche in die Entwicklung des Embryos ein und gibt der leiblichen Ausgestaltung des Keimlings jenen karmisch-schicksalhaften Einschlag, welcher die physische Menschengestalt Ausdruck eines individuellen Schicksals werden läßt.[12] In der Begegnung von peripheren Kräften und zentraler Entwicklung bilden sich während der gesamten Keimesentwicklung verschiedene Bewußtseinszustände heraus. Sie können als begleitende Ergebnisse der Morphogenese verstanden werden, in der die aus der Erbvergangenheit stammenden und auf diese begrenzte zentralen Leibesbildekräfte sich mit den aus dem geistig-seelischen Umkreis der Wesensvergangenheit des Ich kommenden peripheren Impulsen, die sich wieder verkörpern wollen, begegnen. Auf diesen Zusammenhang weist der Satz Rudolf Steiners: «So wie also die physische Menschengestalt immer und immer wieder eine Wiederholung, eine Wiederverkörperung der menschlichen Gattungswesenheit ist, so muß der geistige Mensch eine Wiederverkörperung des selben geistigen Menschen sein, denn als geistiger Mensch ist eben jeder eine eigene Gattung».[13]

Beschäftigt man sich anhand der Grundlagen einer geisteswissenschaftlichen Embryologie mit dem *vorirdischen Wollen des individuellen Menschengeistes,* so sieht man, wie dieser aus dem Umkreis der Geistwelt moralische Bildungsimpulse mitbringt, mit denen sich die Bildekräftefelder des Vererbungsgeschehens verbinden können. Die Wahrnehmung dieses Geschehens ruft eine andere Erkenntnismethodik hervor als die Interpretationen der Beobachtungen am genetischen Material durch die Naturwissenschaften. Folgt man dieser ersten Methodik, so erscheint die von Vater und Mutter stammende Vererbungssubstanz wie hingegeben an die göttlich geistigen Schöpferkräfte der Gestaltbildung, die mit dem Ich einziehen. Dieses will mit seinen Schicksalsabsichten aus einem vergangenen Erdenleben wieder Erdenmensch werden und damit neues Schicksal auf sich nehmen. Es ist deshalb die Empfängnis auch jedesmal der Augenblick, in dem die Gelegenheit entsteht, daß durch die moralisch-geistigen Impulse des Menschenwesens verjüngende Kräfte in die Erdenwelt hereinkommen können. Leben bedeutet für den Menschen eben nicht nur die Entfaltung biologischer Wirksamkeit der Gattung, sondern die Evolution einer Biographie, deren Bedeutung für die Entwicklung der Erde und der Menschheit jedem genetischen Verursachungsprinzip vorrangig ist und an der auch die Wissenschaft die Kriterien ihres Handelns gewinnen muß. Die Entwicklung des menschlichen Ei-Organismus von der Befruchtung bis zur dritten Woche, in der sich dieser oben beschriebene Vorgang zu entfalten beginnt, zeigt eben auch phänomenologisch nicht nur eine beobachtbare Tendenz punktueller Zellvermehrung und Zellwachstums, sondern eine frühe Orientierung des Keimmaterials (Kern und Plasma) auf Umweltkräfte durch die Bildung von Hohlräumen – den später sogenannten *Hüllenorganen* (Amnion, Allantois, Chorion und Dottersack) ehe erste Ansätze der begrenzten räumlichen Menschengestalt als Keimscheibe erscheinen. Unter Zurückhaltung zellulärer zentraler Wirkungen zeigen sich diese Hüllen als «gegenräumliche» Orte, indem der Verräumlichungsvorgang der Gestaltbildung noch für drei Wochen zurückgehalten wird. Es bilden sich Räume, in denen die Einflüsse der menschlichen Wesensglieder wirken können. In diesen ersten drei Wochen ist eben schon der ganze Eiorganismus mit seinen Hüllen *Menschengestalt*, die sich erst zur Geburt hin auf die differenzierte *Raumgestalt* zusammenzieht, welche die irdisch-physische Grundlage unserer seelisch geistigen Existenz bildet.

Das an Metamorphosen und Polaritäten gewohnte Denken kann jetzt auch den von Rudolf Steiner formulierten Begriff «des Geistkeimes» zu fassen beginnen, der sich bei der Konzeption als das geistige Urbild der allgemeinen Menschengestalt mit dem physischen Keim verbindet, die Gesetzmäßigkeiten genetischer und physiologischer Natur als einer unteren Wirklichkeitsebene «überzeugt» und auf eine periphere übersinnliche Welt einordnet. Die Bildung des Geistkeims, wie sie Rudolf Steiner verschiedentlich beschrieben hat, ist ein Vorgang, der sich im Geist-Gebiet abspielt, wenn das Menschen-Ich zu einem bestimmten Zeitpunkt nach dem Tode das Ur-Bild der Menschengestalt schaut und mit der Teilnahme geistig-göttlicher Wesen an ihm schafft. Dieses umfassende, im wahren Sinne des Wortes universale, für alle Menschenleiber gültige Ur-Bild bewegt sich schon lange vor der Konzeption auf die entsprechende Vererbungsströmung hin und wird dadurch «dem willentlichen und wissentlichen Anteil des Ich entzogen» (H. Poppelbaum).[14]

Der Geistkeim entfällt dem Ich vollständig bei der Konzeption, um im Geschehen der frühesten Embryonalentwicklung wirksam zu werden. Rudolf Steiner spricht hinsichtlich des Geistkeimes auch von einem geistigen Kraftgebilde, das der Mensch in seinem vorirdischen Dasein im Zusammenhange mit seinem Wesen erschaut, und welches zunächst groß ist und sich immer mehr zusammenzieht, «um zuletzt mit dem physischen Keimteil zu verwachsen». Rudolf Steiner macht an dieser Stelle eigens darauf aufmerksam, daß die hier verwendeten Ausdrücke nur Verbildlichungen dessen sein können «was geistig, rein qualitativ, unräumlich erlebt wird».[15] Dieser Vorgang des «Verwachsens mit dem physischen Keimteil» ist offenbar bei der Konzeption vom Chaos der zentralen Kernsubstanz begleitet.

Über das spezifische artentsprechender genetischer und chromosomaler Strukturen hinaus scheint das Menschsein des Keimlings nach der Geburt erst aus dieser Wahrnehmung einer anwesenden übersinnlichen Wirklichkeit begründbar zu sein – eben des endgültigen Eintrittes der Geistkeimwirkung aus der Peripherie in die sich räumlich orientierende Zellgestalt. W. Schad hat in diesem Zusammenhang darauf aufmerksam gemacht, «daß sich bei der Befruchtung ein biologischer Ausnahmevorgang abspielt, insofern, daß die Immunreaktionen gegenüber Fremdeiweiß aufgehoben werden und der lebendige Chemismus von Ei- und Samenzelle, obgleich von verschiedenen Individuen stammend, sich gegenseitig nicht ausschließt. Das bedeutet, daß die individualisierte Eiweißstruktur, die dem ausgebildeten Organismus eignet, noch nicht vorliegt, ja durch die Zerstörung jeglicher Kern-Plasma-Relation aufgehoben wurde».[16] Erst um die dritte Woche vereinigt sich das Ich, welches jetzt die Folgen vergangener Erdenleben aufgenommen hat, mit der Geistkeim-Wirksamkeit im werdenden Embryo.

Es kann als Ergebnis geisteswissenschaftlicher Forschung auf die in jedem Menschenleben vorliegende bemerkenswerte Tatsache hingewiesen werden, daß die Menschengestalt nicht nur Ausdruck eines individuellen Reinkarnationsgeschehens der ewigen Ich-Wesenheit ist, sondern daß sie zugleich auch die vom Ich im Bunde mit geistigen Wesen gewobene Kräfte-Wirkung der allgemein-menschlichen Geistkeim-Gestalt in sich aufnimmt und daß sich dieses Geschehen in der Embryonalentwicklung zu bestimmten Zeitpunkten zeigt.

Die individuelle Bewußtseinsentwicklung – und hier sei die zweite Fragestellung des Anfangs aufgenommen – die den Menschen endgültig um das dritte Lebensjahr herum zum punktuellen Ich-Bewußtsein führt und der der Mensch im allgemeinen die Wirklichkeit seines Ich zuschreibt, geht von der Konzeption an durch verschiedene Phasen von Bewußtseinszuständen, von denen derjenige, der sich um das dritte Lebensjahr für den wachen Menschen als Weltbewußtsein entwickelt, nur eine, wenn auch bleibende, für die irdische Freiheitserfahrung wesentliche Erscheinung ist. So wechseln wir ein umfassendes, spirituelles, vorgeburtliches Bewußtsein gegen begrenzte, irdische Bewußtseinsformen aus. Indem wir aus den oben genannten embryonalen Hüllen heraustreten, treten wir in einer Metamorphose in die sozialen Hüllen unserer irdischen Lebensverhältnisse ein.

Wir werden auch da aufgefordert, eine Wandlung unseres zentrierten Bewußtseins innerhalb des sozialen Lebens auf unseren Umkreis hin zu vollziehen. Die Erforschung derartiger verschiedener Bewußtseinszustände, welche auch die frühe Keimentwicklung von der Konzeption bis zur dritten Woche einschließt, ist eine weitere Aufgabe einer geisteswissenschaftlichen Embryologie. Es zeigt sich dabei, daß das Verschwinden der «Hüllenorgane» bis zur Geburt die Signatur eines Bewußtseinsverlustes gegenüber der Geistwelt trägt. Der Mensch wacht in seiner sich zunehmend inkarnierenden Leibesgestalt zu irdischen

Ich-Bewußtseinszuständen auf. Was er in seiner Gestalt als einen über-sinnlichen Menschen mit sich trägt, ist durch die meditative Erkenntnisübung erweckbar. Aus dieser Erweckung kann sich der Gedanke der Reinkarnation bilden[17]. Die Wirklichkeit des Geistkeimes, von welcher die physische Menschengestalt gleichsam imprägniert ist, kann der Rede von der Würde des Menschen neuen Sinn geben und zugleich die Grenzen biogenetisch-experimenteller Machbarkeit schon von der Konzeption an geisteswissenschaftlich begründen.

4. *Menschengestalt und Gewissen*

Aber auch in anderer Form ist die Realität jenes peripher wirksamen Ich erlebbar. In der Erfahrung des *Gewissens* tritt das Individuelle in einer allgemeinen Gestalt auf, die sich als Form impliziten Wissens allerdings vernünftig artikulieren muß, um sich zugleich in der Gemeinschaft zu legitimieren. Unter welchen Bedingungen dies geschieht, soll uns hier nicht beschäftigen. Diese Erfahrung läßt sich mit einem Motiv aus dem «Heinrich von Ofterdingen» von Novalis beschreiben: «Indem man das Gewissen begreift, entsteht es.» Sucht man nach der Dimension, in welcher das Gewissen seinen Ursprung hat, so wird man auf das geheimnisvolle Wirken der Urgestalt des Menschen im Bewußtsein hingewiesen: «Das Gewissen ist der Menschen eigenstes Wesen in voller Verklärung, der himmlische Urmensch» (Novalis).

Für die Gewissenserfahrung ist deshalb auch die ihr innewohnende Kraft des Überzeugt-Seins charakteristisch, eine Evidenz, die sich nur schwer beschreiben läßt, ebenso wie die Spontaneität und die Möglichkeit der Voraussicht von Handlungsfolgen.

Wie der Geistkeim nach der Konzeption bewirkt, daß das werdende Menschenkind gegenüber seinem spirituellen, göttlichen Ursprung offen bleibt, so tritt in der Gewissensbildung der Mensch sich selbst als göttliches Wesen gegenüber und wird zu einem, der sich diesem Wesen gegenüber verantworten kann. Die embryonalen Entwicklungsvorgänge bis zur dritten Woche sind gleichsam eine Vorgestalt des Gewissens. Die Gewissensbildung wird deshalb aus keiner sozial-darwinistischen Entwicklungstheorie verständlich und gewinnt ihre Fähigkeit zur vernünftig begrifflichen Legitimation erst im Verhältnis zu dem hier beschriebenen Urvorgang. Durch seine Leibesgestalt ist der Mensch ein auf Gewissensbildung und Verantwortlichkeit angelegtes Wesen, und seine Zeugung geschieht in Wirklichkeit weder nur unter dem Motiv elterlicher Wünsche, noch unter dem der Erhaltung der Art, sondern als Offenbarung des Geistes auf der Erde in der Ich-Geburt. Nicht zuletzt aber entzündet sich das Gewissen im sozialen Leben im Akt der sinnlich-konkreten Wahrnehmung der Ich-Gestalt des anderen Menschen und gerade auch der werdenden Kindesgestalt. In deren Anblick kann in uns als *Sinnes-Organ dieser Anschauung* das Urbild des Geistkeimes erinnernd erweckt werden, wenn uns die Gestalt des anderen Menschen vor Augen tritt. Zugleich entsteht auf Zukunft gerichtetes Handlungsgewissen gegenüber dem Anderen. Wer die Gestaltwerdung des Menschen nur aus der Sichtbarmachung genetisch-biologischer Strukturen ableitet, denkt – in der Illusion einer objektiven Wissenschaft – den Menschen nach seinem Bilde und entzieht sich dem Anspruch einer *Wahrnehmungswirklichkeit,* welche das Leben zwischen Menschen bestimmt und die unter anderem dem Grundgesetz zugrunde liegt.

Ein weiterer Aspekt des Konzeptions-Geschehens sei an dieser Stelle hinzugefügt: Aus psychosomatischer Sicht hat P. Petersen gezeigt (vgl. S. 26 ff.), daß die vorsichtige Befragung von Eltern über den Augenblick der Empfängnis und die damit verbundenen Erfahrungen darauf hinweisen, was eine Bewußtseinserweiterung über das Empfängnisgeschehen hinsichtlich des Kindes vermuten mußte: Daß nämlich die Teilhabe des Vaters und der Mutter an diesem Vorgang der Empfängnis eine jedes individuelle Vorstellungsvermögen übergreifende Erfahrung von Wirklichkeit ist, d. h. eine Evidenz-Erfahrung impliziten Wissens.

Sie schafft folgenreich zwischen Eltern und Kind eine Gemeinsamkeit, welche stellvertretend die Menschengemeinschaft repräsentiert, in die sich das Kindeswesen inkarnieren will. Petersen beschreibt anhand von Berichten «gesunder, voll im Leben stehender mitteleuropäischer Menschen» diese Erfahrungen als einmaliges «Widerfahrnis, dem der Charakter scharf strukturierter Sinneswahrnehmung fehlt, die aber häufig ein Begegnungserlebnis mit dem zu empfangenden Wesen beinhalten.»[18]

Petersen macht darauf aufmerksam, daß in diesen Erfahrungen eine gesteigerte unmittelbare Wahrnehmungsqualität gegenüber dem ankommenden Menschenwesen vorliegt, dem ja noch jede leibliche Qualität eines Kindes fehlt, an dessen objektiver Anwesenheit jedoch bei den Eltern des Kindes kein Zweifel besteht. Der Beitrag Petersens bestätigt die Tatsache, daß die Art der Erfahrungen, die sowohl die Mutter als auch der Vater im Zusammenhang mit der Empfängnis haben können, eine Gemeinsamkeit zwischen den Eltern und dem Kind stiftet, die möglicherweise nicht nur für die weitere embryonale Entwicklung des Kindes von Bedeutung ist, sondern vor allem auch für die der Bindungs- und Verantwortungsfähigkeit der Eltern in der Erziehung ihres Kindes.

Daß derartige Erfahrungen wenig artikuliert werden, ist verständlich, um so mehr als die anfänglich geschilderte naturwissenschaftliche Methodik keine ihrer Methode immanenten Erkenntnisorgane für derartige Wirklichkeiten ausgebildet hat. Gleichwohl beziehen sich diese nicht nur auf Bewußtseinstatsachen – die leicht als Epiphänomene wegerklärt werden können – sondern auf entscheidend moralisch-ethische, d. h. seelisch-geistige *Gestaltungskräfte* der kindlichen Entwicklung, die sich in der Gegenwart zunehmend der Erkenntnis öffnen wollen. Auch die hier veranlagte Gewissensbildung bei den Eltern bezieht sich nicht auf die Vergangenheit, sondern trägt Zukunftscharakter im Sinne von praktischer Verantwortung.

Die von Petersen dargestellten Gesichtspunkte sind insbesondere bei der In-vitro-Fertilisation für das weitere Kind-Eltern-Schicksal nicht ohne Bedeutung.[19]

Wird dieser Wirklichkeitsaspekt bei der Empfängnis ernstgenommen, so kann sich zeigen, daß er in jedem Falle der Bewußtseinswandlung während der Schwangerschaft zugrundeliegt, gewöhnlich zu Beginn in der Richtung einer peripher ausgerichteten Bewußtseinslage beginnt und sich mit dem «Wach-Werden» des Kindes im mütterlichen Organismus neu zentriert. Kurz vor oder um die Geburt werden das Kind und der Vater in diese Bewußtseinslage neu mit eingeschlossen. In der Wahrnehmung des sichtbaren Neugeborenen «erinnert» die Mutter vorgeburtliche übersinnliche Begegnungserfahrung (vgl. D. Bauer: Gespräche mit Ungeborenen. S. Literaturhinweise S. 120).

Es muß dafür plädiert werden, daß derartige Erfahrungen die praktisch bei der Gründung der Familie von hoher prospektiver Bedeutung sind, in das Bewußtsein aufrücken können und einer angemessenen Interpretation zugeführt werden, da sie entscheidend beitragen etwa bei der drohenden Verweigerung der Geburt eines Kindes neue *ethische Entscheidungshilfen* für die Beteiligten zu geben, die prinzipiell *bei allen Eingriffen* während der Schwangerschaft vonnöten sind, insbesondere, wenn eine reduzierte Wissenschaft sich damit zufrieden gibt, dabei nur «proximale» Realitätsebenen physiologischer Vorgänge zu berücksichtigen. Die rationale Anonymität dieser Wissenschaft, welche schließlich den nur naturwissenschaftlich gesinnten Praktiker veranlaßt, Handlungsfolgen von Eingriffen und Experimenten am werdenden Menschen dieser Wissenschaft zuzuweisen, verhindert Gewissensbildung. Ehe nicht das Selbstbewußtsein des Wissenschaftlers ernsthaft auf seine Methodik reflektieren will und dadurch erst ethische Relevanz entdeckt, ist gegenüber den Aussagen der Biogenetik, vor allem wo sie Handlungsanweisungen implizieren, in der Praxis – zum Beispiel für den Arzt – alleräußerste Zurückhaltung geboten.

Die Einführung einer bewußt gegriffenen Gewissensdimension in die Unternehmungen der wissenschaftlichen Gemeinschaft stellt unabhängig von ihren Ergebnissen auch eine berechtigte soziale, d. h. gesellschaftliche Forderung dar, weil nicht zuletzt auch das öffentliche Rechts- und Unrechtsempfinden erheblich tangiert ist. Indem in der Forschung ungenügend auf

Folgen reflektiert wird, werden – weil die Forschung direkt in Handlung umgesetzt wird – innere Erkenntnis-Orte übersprungen, an denen sich weiterführende und methodisch neue Einsichten in die Natur des Erkenntnis- und Handlungsobjektes «Mensch» ergeben können. Hinzu kommt, daß die neuerdings auch vom Staat ausgiebig betriebene finanzielle Unterstützung gerade der genetischen Forschung nicht darüber hinwegtäuschen darf, daß ein Legitimationsmangel besteht. Bei dem bisherigen Vorgehen, welches Gewissenskräfte und implizite Gedankenerfahrung vorsätzlich verdrängt, scheint ein *Zwang* vorzuliegen, der den Handlungen und Forschungsprojekten zugrunde liegt, wie immer sie sich auch verbal zum Ausdruck bringen (Manipulation als Therapie, Fortschrittshoffnung für die Menschen, Aufhebung individuellen Leidens).

Es ist deshalb auch verständlich, daß derartige Zwänge durch Ethik-Kommissionen, wenn sie nicht zu rechtlich relevanten Entscheidungen durchdringen wollen, prinzipiell nicht revidiert werden können. Historisch gesehen liegt das Paradigma eines Vorgehens, welches Gewalttätigkeit und Zwang im Gedankenexperiment vermeidet, schon bei Goethes naturwissenschaftlicher Methodik vor: eine im Sinnlichen gewonnene imaginative Erkenntnismethode, welche die wirksamen, kosmischen Bilde- und differenzierenden Formkräfte erkennt und zugleich für das Selbstbewußtsein des Forschenden damit die Grenzen handelnden Umgangs mit dem Erkenntnisgegenstand ethisch bestimmt. Rudolf Steiner hat, ehe die Problematik – wie sie jetzt etwa von H. Jonas behandelt wird – aktuell wurde, gerade diese Methodik erweitert und durch seine Sinnes- und Reinkarnationslehre fortgeführt und vertieft, ohne daß die wissenschaftliche Gemeinschaft als eine soziale eminent wirksame Kraft genügend Kenntnis davon genommen hätte; die Folgen werden jetzt offenbar.

5. Wirklichkeit und Wissenschaftsgläubigkeit – zur Problematik der pränatalen Diagnostik

Der Mensch trägt die Kontinuität seines Werde-Prinzips in jedem Augenblick seiner Entwicklung schon vor der Geburt und über den Tod hinaus in sich und unterscheidet sich darin von allen anderen Naturwesen. Er kann im Reinkarnations-Gedanken diese Tatsache denken und empfinden lernen. Er kann so den Werdebegriff ohne eine zugrunde liegende Leiblichkeit erfassen, und er kann ihn im Leben existentiell annehmen oder verneinen. In diesem Vorgang ist der Mensch vom anderen Menschen in seiner Inkarnation nicht unabhängig, ja es ist gerade der andere Mensch, der dazu beitragen kann oder auch verhindern kann, daß das Werdeprinzip als eine biographische Wirklichkeit realisiert wird oder nicht. Was wir das soziale Leben nennen, ist das Feld, auf dem dieser gegenseitige Vorgang zwischen Menschen sich abspielt. Es erscheint gegenwärtig dringend notwendig zu sein, daß eine breite Aufklärung darüber stattfindet, welche Rolle das genetische Material als eine Notwendigkeit der jeweiligen Inkarnation spielt und welchen begrenzten Voraussagewert genetische Befunde für das Leben und Werden der Betroffenen haben können. Ehe dieser Weg nicht beschritten wird, kann z. B. in der Schwangerschaftsberatung ein freier Entscheidungsspielraum unter den konkret Beteiligten nicht gegeben sein, und es besteht schon jetzt in der pränatalen Diagnostik die Gefahr, daß im Falle der Diagnose eines genetischen Defekts die Schwangerschaft, automatisch ohne eine angemessene und erkenntnismäßig zu begründende Alternative abgebrochen wird.

Möglicherweise deuten genetische oder chromosomale Befunde auf Grenzen von Werdevorgängen hin, insofern sie diese auf die physische Notwendigkeit einer Inkarnation begrenzen, bzw. deren Verleiblichung ermöglichen. Eine Behinderung, die eine genetisch erkennbare Ursache hat, würde sich dann unter bestimmten Umständen verstehen lassen als einen teilweisen Ausfall dieser begrenzenden Funktion, so daß z. B. eine unvollkommene Verleiblichung und Individuation als Variation des seelisch-geistigen Werde- und Gestaltungsimpulses der Individualität zustande kommen kann.

Nur unter Zugrundelegung eines reduzierten Krankheitsbegriffes, der die schicksalshafte Beteiligung der Person am Krankheitsvorgang und das damit verbundene Erleben ausklammert, können genetische Befunde als Krankheit oder Defekt bezeichnet werden. Vor der Grundintention des menschlichen Werdens, der Geist-Seele, die sich zur Inkarnation hin bewegt und das Vererbungsmaterial ergreift, muß sich jede Intervention verantworten, indem sie zumindest in allen Beteiligten, auch bei der Schwangerschafts-Beratung – schon *vor* eventuellen diagnostischen Eingriffen – das notwendige Problembewußtsein entwickelt.

Die gegenwärtigen gesetzlichen Bestimmungen, die in solchen Situationen einen Abbruch der Schwangerschaft möglich machen, berücksichtigen ungenügend die Wirklichkeit des Lebensschicksales des Kindes, in dem sie sich auf die Zumutbarkeit für die Mutter beschränken. Auch ist es fraglich, ob diagnostische Eingriffe berechtigt sind, wenn ihnen keine Therapie, sondern die Beendigung der Schwangerschaft folgt. Erst die einbezogene Wirklichkeit einer medizinischen Behandlung, heilpädagogischen und sozialtherapeutischen Bemühung gegenüber dem behinderten Neugeborenen auf der Grundlage der gesellschaftlichen Anerkennung seiner Existenz könnte Bedingungen erfüllen, die u. U. das diagnostische Risiko rechtfertigen könnten.

Wenn das Problembewußtsein systematisch verdrängt wird, entstehen fragwürdige Entwicklungstheorien und Definitionen, welche «die biographische Krankheitsgeschichte auf einen Faktor, den biochemischen Defekt reduzieren.»[20] Es besteht jetzt schon die Gefahr, daß genetische und chromosomale abweichende Befunde als Determinanten für ethisch relevante Entscheidungen, z. B. den Schwangerschaftsabbruch verwendet werden. Dieses Vorgehen ist um so bemerkenswerter als z. B. beim Down-Syndrom, dem früher sogenannten Mongolismus aus dem Vorliegen einer bestimmten gestörten Chromosomen-

Anordnung der sogenannten Trisomie 21 weder mit Sicherheit vorausgesagt werden kann, daß ein mongoloides Kind entstehen wird, noch daß sich daraus über den Schweregrad der Behinderung nach der Geburt etwas aussagen läßt.[21]

Abgesehen davon handelt es sich aber um eine noch grundlegendere Problematik. Aus einer langjährigen Erfahrung mit behinderten Kindern und deren Eltern hat der Arzt G. v. Arnim[22] darauf aufmerksam gemacht, daß an äußeren Hilfen für behinderte Kinder und Erwachsene in den letzten Jahrzehnten sehr viel geschehen ist, daß aber für das innere Annehmen des Seins und Wesens eines behinderten Menschen noch ein langer Weg vor uns liegt. «Es ist z. B. eine in gewisser Weise beunruhigende Situation entstanden im Hinblick auf jene Erkrankung, die als Down-Syndrom (früher: Mongolismus) bezeichnet wird. Wir kennen heute die durchaus nicht risikofreie Möglichkeit der Fruchtwasserentnahme während der Schwangerschaft. Dadurch ist das Vorliegen einer solchen Störung so rechtzeitig feststellbar, daß noch eine Unterbrechung der Schwangerschaft vorgenommen werden kann. (Vgl. den Beitrag von M. Glöckler S. 100.) Begegnet man jetzt einem Kind oder Erwachsenen, der mit dieser konstitutionellen Besonderheit geboren ist, so geschieht das immer mit der unguten Empfindung: eigentlich will die Gesellschaft dich nicht; eigentlich solltest Du gar nicht da sein; Du lebst nur, weil Dein Zustand nicht rechtzeitig bemerkt wurde.»

Unter der Überschrift «Folgenschwere Irrtümer» hat der Psychiater, H. Schneider[23] beschrieben, daß die Eltern, bei deren Kind eine Chromosomen-Abnormität im Sinne eines Down-Syndroms festgestellt wird, die zu erwartende Belastung fürchten und in der Regel ein Schwangerschaftsabbruch folgt. «Solche Ängste sind aber zumeist nicht aus der realen Lebenserfahrung von Eltern lebender mongoloider Kinder erklärbar, wie Befragungen immer wieder bestätigen. Nicht nur sind die augenfälligen seelischen Eigenschaften und das soziale Verhalten unserer mongoloiden Mitmenschen positiver als etwa allgemein angenommen wird, sondern auch ihre lebenspraktischen und schulischen Fähigkeiten sind heute besser als erwartet. Jedenfalls sollten wir uns davor hüten, daß Genom über das gelebte Leben zu setzen. Es ist auch ein Irrtum zu meinen, wir könnten durch einen technischen Eingriff, der ein werdendes Menschenleben beendigt, Zukunftsängste von Müttern und Vätern beseitigen und Wunschvorstellungen erfüllen. Es ist eine jederzeit nachprüfbare Tatsache, daß mongoloide Menschen in hohem Maße kontaktfreudig und menschenfreundlich leben und dadurch eine überwiegend positive Atmosphäre schaffen helfen, sei es in Heimen oder innerhalb der Familie.»

Ein anderer erfahrener Arzt, Thomas Weihs[24], der über drei Jahrzehnte das Leben von mongoloiden Kindern, Jugendlichen und Erwachsenen begleitet hat, vermutet, daß sicherlich manche Ärzte, die eine Schwangerschaftsunterbrechung beim Vorliegen einer Chromosomen-Anomalie, wie beim Down-Syndrom den Eltern raten, noch nie die Entwicklung eines mongoloiden Kindes verfolgt haben, d. h. keine Erfahrung besitzen über den Werdegang dieser Kinder und vielleicht nur neugeborene, mongoloide Kinder gesehen haben. Weihs meint, daß, wenn nicht dieser Aberglaube, und wissenschaftliche Irrtum, daß man ein solches Leben verhindern müsse, Eingang in die Beratung fände, auch die Geburt eines mongoloiden Kindes ein beglückendes Ereignis ist. «Ich kenne», so sagte er weiter, «zahllose Eltern von mongoloiden Kindern, die durch diese Kinder eine unglaubliche Reifung erfahren haben und innerlich gewachsen sind. Sie gehören nun zu den hilfreichsten und fähigsten Menschen.»

In seinem Beitrag beschreibt Th. Weihs dann die Gestalt und die seelische Verfassung dieser Kinder im Laufe ihrer Entwicklung, wobei er vor allen Dingen auf den unterentwickelten Intellekt hinweist und die damit verbundene mangelnde sexuelle Entwicklung, so daß keine Nachkommen gezeugt werden können: «Fast immer besitzen mongoloide Kinder und Jugendliche eine unerschöpfliche und immense Liebesfähigkeit. Was ist so furchtbar drohend, monströs, infektiös an diesen Kindern? Ich kenne keine gütigeren, weiseren und liebevolleren Menschen als diese. Ich kenne keine tiefere Befriedigung als diesen Menschen zu begegnen. Sie zu töten ist ein entsetzlicher Irrtum, für den die moderne Medizin verantwortlich ist.» Und schließlich: «Die Mongoloiden lehren uns, daß es ein Mensch-Sein geben kann, ohne ein Übermaß an Sexualität und Intellektualität, aus der Liebe heraus.».

Aus dem Beitrag von Thomas Weihs wird deutlich, daß die Entdeckung der sogenannten Trisomie, einer chromosomalen Fehlbildung unter dem Elektronen-Mikroskop, unmittelbar zu Ablehnung von Menschenwesen geführt hat, die zu integrieren die Gesellschaft zu ihrem eigenen Vorteil in den letzten Jahren zunehmend im Begriff stand. Man muß m. E. hinsichtlich der Beratungssituation zu dem Schluß kommen, daß, wer nicht die Erfahrungen von Eltern und vielen anderen Menschen im Leben mit mongoloiden Kindern und Erwachsenen kennt, nicht qualifiziert sein wird in der Beratungssituation Urteile abzugeben. Insbesondere in der pränatalen Diagnostik, die heute immer stärker in den Vordergrund tritt, ist deshalb dringend zu fordern, daß neben der wissenschaftlichen Qualifikation der Beratenden eine sozial-ethische, psychosomatische oder heilpädagogische Qualifikation hinzutritt, die auf Erfahrung begründet ist, um wenigstens den Versuch zu machen, eine lebensgerechte Beurteilungssituation für alle Beteiligten zu schaffen. Wenn wir es uns nicht erlauben können, in die Zeiten des Nicht-Wissens um die genetischen und chromosomalen Strukturen zurückzufallen, so auch nicht hinter den gesellschaftlich gewonnenen Ethos, der das Leben des behinderten Menschen nicht nur akzeptieren, sondern auch die Erfahrungsfülle schaffen kann, aus der heraus die Menschheit mit ihren behinderten Brüdern und Schwestern lebt.

Es wird allerdings notwendig sein, Erkenntnisformen zu entwickeln, welche als Kriterien des Handelns den Forschungsergebnissen der Wissenschaft zur Seite treten und praktisch in der Beratung zum Ausdruck kommen können. Die Tatsache der Unvollkommenheit des Menschen, welche mit seiner Würde zusammenhängt, gehört zu diesen Einsichten, aus der sich auch die Frage nach dem Weg der Vervollkommnung des Menschen und der Menschheit in der Geschichte unmittelbar ergibt. Gegenüber dem Normierungsprinzip muß entschieden das *Indi-*

viduationsprinzip treten, mit dem der Mensch in der Folge seiner Inkarnationen innig verbunden ist. Ein solcher Erkenntnisweg, der zu der Wahrnehmung der übersinnlichen Wirklichkeit des Menschenwesens führen kann, ist zugleich ein Weg, aus dem neue ethische Kriterien des Handelns angesichts des gegenwärtigen naturwissenschaftlichen Wissensstandes gewonnen werden müssen. Ein solcher Weg will die Anthroposophie sein.

Anmerkungen:

1 Zur allgemeinen Orientierung seien empfohlen: Rainer Flöhl (Hrsg.), Gentechnologie 3, München 1985. Wolfgang van den Daele: Mensch nach Maß? München 1985. Hans Jonas: Das Prinzip Verantwortung, Frankfurt 1985; und Technik, Medizin und Ethik, Frankfurt 1985.
2 Zitiert nach: R. Löw: Leben aus dem Labor, München 1985.
3 M. Honecker: Verantwortung am Lebensbeginn, in: Gentechnologie 3, a.a.O.
4 H. Jonas: Technik, Medizin und Ethik, a.a.O.
5 A. M. K. Müller, Geschöpflichkeitsdefizite in Naturwissenschaft und Technologie, in: J. Anderegg (Hrsg.): Wissenschaft und Wirklichkeit, Göttingen 1977
6 M. Polanyi: Implizites Wissen, Frankfurt 1985.
7 Siehe dazu W. Schad: Biologisches Denken, in: Geotheanistische Naturwissenschaft, Band 1, Stuttgart 1982.
8 Siehe dazu: Rudolf Steiner: Die Stufen der höheren Erkenntnis, GA Bibl. Nr. 12, Dornach 1979. Ders.: Die Geheimwissenschaft im Umriß, GA Bibl. Nr. 13, Dornach 1977. Ders.: Ein Weg zur Selbsterkenntnis des Menschen, GA Bibl. Nr. 16, Dornach 1968.
9 D. Mollenhauer: Zum Traditionsbewußtsein und Methodenverständnis der Biologen, in: Scheidewege 1984/85, Baiersbronn.
10 R. Steiner: Allgemeine Menschenkunde als Grundlage der Pädagogik, GA Bibl. Nr. 293, 8. Vortrag, Dornach 1980. Ders.: Die geistigen Hintergründe der menschlichen Geschichte, GA Bibl. Nr. 170, Vortrag vom 2.9.1916, Dornach 1978.
11 R. Steiner: Heilpädagogischer Kurs, GA Bibl. Nr. 317, Dornach 1979.
12 Siehe dazu und zu den folgenden geisteswissenschaftlich-embryologischen Betrachtungen: W. Schad: Die Vorgeburtlichkeit des Menschen, Stuttgart 1982; und F. Wilmar: Vorgeburtliche Menschwerdung, Stuttgart 1979.
13 R. Steiner: Theosophie. Einführung in übersinnliche Welterkenntnis und

Menschenbestimmung, Kapitel: Wiederverkörperung des Geistes und Schicksal (Reinkarnation und Karma), S. 74, GA Bibl. Nr. 9, Dornach 1978.
14 H. Poppelbaum: Die geistige Weihnachtskonstellation, in: Die Drei 12/1984.
15 R. Steiner: Kosmologie, Religion und Philosophie, GA Bibl. Nr. 25, Dornach 1979.
16 W. Schad: Die Vorgeburtlichkeit des Menschen, a.a.O.
17 Vgl. R. Steiner: Anthroposophie, Psychosophie, Pneumatosophie, GA Bibl. Nr. 115, Vorträge vom 12., 13. und 16. 12. 1911, Dornach 1980.
18 P. Petersen: Empfängnis und Zeugung. Phänomene der Kindesankunft, Zeitschrift für Klinische Psychologie, Psychopathologie und Psychotherapie, Heft 1, Freiburg/München 1986. Siehe auch den Beitrag des Autors in diesem Band.
19 P. Petersen: Retortenbefruchtung und unser Bewußtsein von der Kindesankunft, Vortrag beim psychosomatisch-gynäkologischen Kolloquium, Med. Hochschule Hannover, 9. 1. 85; und Retortenbefruchtung und Verantwortung, Stuttgart 1985.
20 R. Hohlfeld: Auswirkung der Gentechnologie auf Krankheitsverständnis und -definition, in: Gentechnologie, Hamburg 1985.
21 H. Müller-Wiedemann: Heilpädagogik und Sozialtherapie, in: Zivilisation der Zukunft, Stuttgart, 1981.
22 G. von Arnim: Was bedeutet Seelenpflege? – Die Aufgaben der anthroposophischen Heilpädagogik und Sozialtherapie, Bad Liebenzell 1982.
23 H. Schneider: Mongolismus und Interruptio, Schweizerische Ärztezeitung, Heft 18, 1986.
24 Th. Weihs: Behinderung als Schicksal und Auftrag, Öffentlicher Vortrag, November 1982. Hrsg. von der Karl-Schubert-Schule, Stuttgart.

Offene und verborgene Manipulationen um Geburt und Tod

Von Lore Deggeller

Das Panorama unseres Jahrhunderts läßt – vor allem seit der Jahrhundertmitte – zwei herausragende Erscheinungen erkennen: *Technik* und *Demoralisation*. Ihre Triebkräfte sind zwei menschliche Seelenfähigkeiten: *Intellekt* und *Wille*, die ohne die verbindende Mitte eines gesunden Gefühlslebens und ohne erkraftetes und steuerungsfähiges Ich-Wesen in gefährliche Einseitigkeiten entgleisen. In beiden Richtungen sind folgenschwere Grenzüberschreitungen bereits Tatsache geworden (Atomkernspaltung, Zellkernmanipulation einerseits, ethisch-soziale Fehlentwicklungen wie Abtreibung, Suicid, Sterbehilfe andererseits). Daß sie geschehen konnten, ist in nicht geringem Ausmaß der abgedämpften Wachsamkeit im Denken der zivilisierten Völker anzulasten, einer «gehirngewaschenen und tranquilisierten Epoche»[1] (einschließlich der Schulkinder!). Beide zerstörerischen Elemente faßt *Chargaff* wie folgt zusammen: «Die gedankenlose, fast automatische Verwendung der Naturwissenschaft als Samenkorn der Technik hat ein furchtbares moralisches Durcheinander erzeugt. Der Ruf, daß immer mehr und mehr Naturwissenschaft das einzige Medikament zur Heilung dessen ist, was die Naturwissenschaften angerichtet haben, hat . . . jede Überzeugungskraft verloren.»[1]

Wenn auch aus der Verselbständigung der Technik ein Großteil der moralischen Entgleisung abzuleiten ist, so sollte man doch realitätsgerecht die beiden Tendenzen, die sich zwar mannigfaltig durchdringen, differenzieren.

Die unsere Zeit vornehmlich charakterisierende hochgezüchtete Intelligenz zeichnet sich aus durch «Entpersönlichung». Die naturwissenschaftliche Denkweise hat zwar die Natur überlistet, den «Menschen» aber dabei verloren – beides gleicherweise gefährliche Fakten. Kennzeichnend für diese Wissenschaft ist ein Kollektivdenken mit einseitigen Normen, das jedem Angriff trotzt. «Man denkt», «man fühlt», «man tut» nach den vom Positivismus des vorigen Jahrhunderts aufgestellten Regeln, die von fortgeschrittenen Wissenschaftlern längst als fragwürdig erkannt wurden. Das Wörtchen «ich» dagegen ist allenfalls bei einer Neuentdeckung fällig, ansonsten wird es in Wissenschaftszusammenhängen eher als «anrüchig» empfunden. Auch dieses Verhalten wird schon den Schulkindern «eingeimpft». Fehlendes Verantwortungsbewußtsein, Lüge und Bagatellisierung sind die Folgen. Der schwere Atomreaktor-Unfall in der Ukraine (26. April 1986), unter dessen Auswirkungen wir u. U. noch lange stehen werden, beweist das einmal mehr. Werden hier von vornherein mangelnde Sicherheitsvorkehrungen eingeräumt, so hätte der Beinahe-GAU von Harrisburg 1979 längst Anlaß zu Denkrevisionen bei den Vertretern dieser Technik geben müssen, sofern man dem wissenschaftlichen Denken überhaupt noch Urteilsfähigkeit zugestehen will. In einer Tonbandkontrolle der US-Atomkontrollbehörde hieß es damals: «Noch zwei Tage nach Beginn des Reaktorunglücks vom 28. März herrschte bei den Verantwortlichen totale Verwirrung darüber, wie die hochbrisante Situation entschärft werden könnte». Und der Chef äußerte: «Wir arbeiten völlig blind. Die Informationen sind verschwommen, ich habe überhaupt keine – ich weiß nicht, es ist als ob ein paar blinde Männer herumstolperten und Entscheidungen treffen»[2]. Hochintelligente Forschungsergebnisse sind mit abgrundtiefer Blindheit gepaart, wobei die Menschen gar nicht merken, «daß sie eigentlich zurücktreten aus der Welt, und daß sie ihren Verstand der Welt einverleiben und neben sich eine Welt, die selbständig wird, schaffen.»[3]

Das Phänomen des moralisch-ethischen Abstiegs unseres Zeitalters ist ebenfalls unübersehbar. Auch hier sind Kollektivtendenzen am Werk, sofern sie nicht politische Strategie sind. Sie äußern sich im Willensbereich als illusionäre Wunschbilder, die z. B. bei Jugendlichen nicht nur in den verschiedenen «Süchten» und ihren ungehemmten sexuellen Trieben ausgelebt werden, sondern auch in vielen der von ihnen angestrebten Gemeinschaftsbildungen. Oft sind es schon 13- bis 14jährige, die ihr zur Entwicklung drängendes Seelenleben und Ich-Wesen in eine Menschengemeinschaft einbringen möchten, in der es im Kollektivbewußtsein geborgen ist, anstatt die so brennend notwendige Eigenverantworung entwickeln zu lernen. Nicht nur in dieser «Szene», sondern in vielen sozialen Zusammenhängen sind Kräfte am Werk, die auf dem Boden eines Einzel- oder Gruppenegoismus dem Menschen lebensfremde und erdflüchtige Ideale vorgaukeln.

Eines der folgenschwersten moralisch-ethischen Probleme, die mit der naturwissenschaftlichen und technischen Entwicklung verflochten sind (s. Chargaff) und das die Wachsamkeit der Menschheit global herausfordert, ist die rechtlich-ethische Stellung der neu entwickelten Branche der Biotechniken (Retortenbefruchtung, Genmanipulation u. ä.), werden doch hier bereits Stimmen laut, die fordern: «Wir müssen die Ethik der Wissenschaft anpassen, nicht umgekehrt» (R. Edwards, einer der Stammväter der Reagenzglaszeugung). Ein «Wehret den Anfängen» ist hier längst verpaßt.

Der in diesem Zusammenhang im Mittelpunkt der Diskussion stehende Begriff der «Freiheit» (Der Wissenschaft oder auch des betreffenden Menschen) muß solange als illusionär und weltentfremdend angesehen werden, als ein ganzheitliches Menschenbild, wie es die Anthroposophie bietet, nicht zugrunde liegt. Den hier ebenfalls wirksamen Tendenzen zur Bagatellisierung und Verdunkelung gegenüber ist es eine Zeitnotwendigkeit, daß «der Mensch sich mit vollem Bewußtsein hineinstellt in dasjenige, das eigentlich mit ihm selbst gewollt wird und demgegenüber er oftmals leider so steht, daß man sagen kann: er läßt alles mögliche mit sich geschehen».[4]

Daß die den Menschen entfremdete Naturwissenschaft heute nicht mehr nur eine Angelegenheit der äußeren Natur ist, sondern daß sie ihrerseits das Netz ihrer Gesetze und Errungenschaften über den Menschen gestülpt hat, so daß er nicht einmal im Denken mehr Übersicht und Freiheit bewahrt hat, wird dem

Menschen kaum noch bewußt. Zwar bieten die Manipulationen um Geburt und Tod schon lange Anlaß zu mancherlei ethischen Reflexionen – insbesondere seitdem das Zeitalter der Pille durch die Abtreibungsfreiheit in seiner Auswirkung noch «erweitert» und zugleich dem Tode der angebliche Stachel durch die aktive Sterbehilfe genommen wurde –, aber ein Erwachen aus gewohnheitsmäßigen Denkschablonen ist schwer und kann erst durch spirituelles Denken, durch erkenntniserweiternde Grenzüberschreitungen zum vorgeburtlichen und zum nachtodlichen Leben zustande kommen.

So hört man erstaunt z. B. gerade aus den Reihen der ärztlichen «Vollzugsgehilfen» der Abtreibung ein «Halt»; und einer dieser Ärzte macht sich sogar zum leidenschaftlichen Anwalt derer, deren Erdenankunft er bisher verhindert hatte. «Plädoyer für die Ungeborenen» – ein wahrhaftig nicht alltäglicher Buchtitel. Wie kann es zu solch einer «Kehrtwende» kommen? Danach gefragt, berichtet der seit 1977 in der Schweiz tätige Arzt Dr. Martin Jost in der Zeitschrift «Ethos» über ein allgemein in der Ärzteschaft verbreitetes Phänomen, das in einer unreflektierten Mitläufer- und Mitmacherschaft besteht. Zwar «weiß» der Arzt von heute alles über die embryonale Entwicklung – aber er schwimmt mit seinem Denken in einem Zeitstrom, der ihn das Denken nicht mehr erleben läßt, ja es gar nicht mehr recht zum Bewußtsein kommen läßt. Wie in allen Naturwissenschaften handelt es sich auch in der Medizin um ein totes Wissen, wertfrei und leblos abstrakt. Aus seiner gynäkologischen und später psychiatrischen Ambulanztätigkeit kam Dr. Jost zwar in unfreiwillige, enge Berührung mit den Problemen der Abtreibung. Aber erst, als er eines Tages bei dieser Tätigkeit das noch «während Minuten in einer Chromschale zappelnde Kind» bewußt wahrnahm, erwachte sein Gewissen. Bis dahin galt auch für ihn das übliche Denkschema: nicht-lebensfähige Lebewesen – «Sachen zum Wegwerfen».

Noch krasser schildert ein namhafter Experte aus den USA, Dr. med. Bernhard Nathanson, in einem Vortrag, den er in Dublin, Irland, hielt[5] seine Tätigkeit als Abtreibungschef, die ebenfalls erst durch erlebtes und erfahrenes Wissen (durch die Möglichkeiten der Ultraschalluntersuchungen u. ä. seit 1973) ihr Ende fand. Etwa von 1971 an hatte er mit seinen 35 angestellten Ärzten in der von ihm geführten Klinik «Zentrum für reproduktive und sexuelle Gesundheit» im Osten New Yorks «120 Abtreibungen an jedem Tag des Jahres außer am 1. Weihnachtsfeiertag» machen lassen. «Ich persönlich habe noch etwa 15 000 weitere Abtreibungen eigenhändig in meiner privaten Praxis gemacht, so daß ich für 75 000 Abtreibungen persönlich verantwortlich bin», so klagt er sich an. Aber damit nicht genug. Als Kämpfer der ersten Stunde, als Bahnbrecher der legalisierten Abtreibung, bekennt er jetzt, ebenfalls sich selbst anklagend, die dunklen Methoden seines blinden Eifers, die sich aber von denen anderer Meinungsmanipulatoren gar nicht so sehr unterscheiden. So war eine seiner «sehr nützlichen Taktiken die Verwendung von erfundenen, unehrlichen, doppeldeutigen Umfragen», und er warnt heute jeden vor solchen in der Presse zu lesenden Umfrageergebnissen. Ferner «fälschten (wir) die Zahl der illegalen Abtreibungen», die «jährlich etwa 100 000 betrug. Die Anzahl aber, die wir wiederholt an die Öffentlichkeit und an die Medien weitergaben, war eine Million. Und wenn man die große Lüge oft genug wiederholt, wird man die Öffentlichkeit überzeugen, wie unser Freund, Herr Hitler, in Deutschland bewiesen hat». Und schließlich beschuldigten sie noch, um die zahlreichen liberalen Katholiken auf ihre Seite zu locken, die katholische Hierarchie mit der bewußten Lüge, als «Buhmann» gegen den Strom der Zeit zu schwimmen. Gewiß ist es bekannt, daß Statistik und Unterlagen, wenn sie einem ideologischen Zweck dienen sollen, gern gefälscht werden, auch in der sogenannten naturwissenschaftlichen Medizin. Aber das Ausmaß dieser Vorgänge ist erschreckend. Lügen und Nichtwissen sind fast zu einem integralen Bestandteil der Wissenschaft geworden, so daß es schwerfällt, hier noch der Entschuldigung zuzustimmen: Sie wissen nicht, was sie tun. Welche zentrale Stellung dem Nicht-wissen-Wollen im medizinischen und juristischen Bereich, z. B. in der Fruchtbarkeitstechnologie, eingeräumt wird, kann dem Buch von P.

Petersen, Retortenbefruchtung und Verantwortung[6] entnommen werden (s. auch dessen Beitrag S. 26 ff.). Was die Abtreibungen bei Nathanson betrifft, so handelt es sich hier um ein abstraktes Teilwissen, ein Wissen des Kopfes, ein nicht mit dem ganzen Menschen erlebtes Wissen, ein Wissen, das vom Ge-wissen nie tangiert wird. In bezug auf die fanatische Vorbereitungskampagne, in der der Zweck die lügnerischen Mittel heiligen sollte, stand der Wille im blinden Dienst einer Vernichtungsidee. Beides, Wissen und Wollen, letzteres zudem noch unter Berufung auf Freiheit und soziales Mitgefühl, vom Menschen nicht in menschengemäßer Weise durchdrungen, wird unbemerkt zum Werkzeug menschenvernichtender Kräfte.

Bemerkenswert ist, daß beide so radikal vom Saulus zum Paulus gewandelten ärztlichen Kämpfer sich nun ebenso aktiv für ihr erfahrenes, lebendiges, besseres Wissen einsetzen. Das Ziel dieses Einsatzes ist eine breite Aufklärungsarbeit in der Öffentlichkeit. Die Zeitschrift «Ethos» hat diese Aufgabe speziell für Laien übernommen. In einer Sonderausgabe: «Kinder – Sachen zum Wegwerfen. Freundschaft ohne Sex» wirbt sie für «Menschlichkeit in einer unmenschlichen Gesellschaft», indem sie neben den Hinweisen auf die Bemühungen Dr. Josts und sein Buch u. a. großformatige Fotos der embryonalen Entwicklung veröffentlicht – «ungern, mit innerer Betroffenheit, aber aus zwingender Notwendigkeit heraus». Soviel ich sehe, sind diese Fotos zum Teil den Werken des bekannten Embryologen Prof. Dr. med. Blechschmidt entnommen. Ich sah sie vor kurzem in Dia-Vorführungen auf einem Ärztekongreß, wo sie ebenfalls große Betroffenheit auslösten. Die Abbildungen zeigen z. B. einen schon voll ausgebildet wirkenden menschlichen Embryo von 11 bis 12 Wochen am Daumen lutschend, oder die Füße eines 10 Wochen alten Embryos, perfekt wie die eines Neugeborenen. Erschütternd die Fotos der durch konzentrierte Salzlösung getöteten und abgetriebenen Wesen mit ihren großen flächenhaften Verätzungen und schmerzverzerrten Gesichtern. Wer als werdende Mutter diese Bilder sieht, wird wohl kaum noch – selbst bei massiven Begründungen – eine Abtreibung wünschen können. Ein von Dr. Nathanson gedrehter Film «Der stumme Schrei», der als ein «Lehrstück des Grauens» bezeichnet wird, soll demnächst auch in Europa gezeigt werden.

Einige zusätzliche Wissensdaten sollten solche Bilder untermauern und werden auch von der Zeitschrift mitgeliefert: so beginnt das Herz schon zwischen dem 20. und 28. Tag zu schlagen, bis zum 30. Tag sind alle Organe angelegt, nach 6 Wochen können Arme und Beine bewegt werden, nach 8 Wochen hat der Embryo schon seine eigenen «Fingerabdrücke», er kann Wasser lassen und Schmerz empfinden. Gehirnströme können nach 43 Tagen abgelesen werden. Das alles hat sich also schon entwickelt, längst bevor die Abtreibungen durchgeführt werden, was ja gewöhnlich erst gegen Ende des 3. Monats geschieht.

Diese Fakten der Embryologie stehen fest. Seelenwesen und Ich des jungen Menschenkeims sind zu dieser Zeit bereits engagiert und betroffen. Unklarheit besteht allerdings immer noch in bezug auf die ersten 3 Wochen, was vor allem für die Experimentierer mit überschüssigen Embryonen anläßlich eines sogenannten Embryo-Transfers von Wichtigkeit ist. Handelt es sich vom ersten Moment nach der Empfängnis an auch schon um ein individuelles menschliches Wesen (mit allem Rechtsschutz) oder zunächst nur um «Lebewesen» von der Qualität z. B. einer Pflanze oder eines tierischen Organismus? Letzteres sicher nicht. Die Verfechter der Ungeborenen und Abtreibungsgegner behaupten das erstere; Prof. Blechschmidt als führender Embryologe ebenfalls. Andere Wissenschaftler äußern sich «unscharf».

Wenn die naturwissenschaftliche Seite versagt, solltern wir die geisteswissenschaftliche, insbesondere die Forschungen der Anthroposophie befragen. Zweifellos ist von allem Anfang an eine spezifisch menschliche Entwicklung in Gang gesetzt, sowohl vom Physisch-Leiblichen her als auch vom geistigen Teil dieses noch «Ungeborenen». Da wir aus anthroposophischen Schilderungen über das Leben zwischen Tod und neuer Geburt wissen, mit welcher Sorgfalt, Liebe und Hingabe die ihr Schicksal in einer neuen Verkörperung suchende Individualität über Jahrhunderte Ausschau nach einem Elternpaar hält, das möglichst geeignete Erbanlagen bietet für diese Erdenaufgabe, kann man Schreck und Enttäuschung der Ungeborenen wohl erahnen, wenn es schon – was allerdings selten geschieht – in dieser Phase der ersten 3 Wochen zur Abtreibung kommt. Der Schreck dürfte allerdings kosmische Dimensionen annehmen, wenn man die Zusammenhänge des beginnenden physischen Menschenkeimes mit seinem Urbild, dem Geistkeim, berücksichtigt. Aus den Schilderungen Rudolf Steiners über das Leben zwischen Tod und neuer Geburt erfahren wir von den großen kosmischen Vorbereitungen, die der Zuwendung zu einer neuen Verkörperung vorausgehen. Es ist «die größte, bedeutsamste Arbeit, die überhaupt im Weltall denkbar ist. . . .Diese Arbeit besteht darin, daß im Vereine mit einer ungeheuren Anzahl erhabener geistiger Wesenheiten des Weltenalls der geistig-seelische Mensch den kosmischen Geistkeim seines physischen Menschenleibes im Geistigen webt».[7]

Dieser Geistkeim ist von riesiger kosmischer Größe, ist «ein Weltall, und alle anderen Menschen sind in dieses Weltall verflochten». Er wird immer kleiner, involviert seine Wesenheit immer mehr. «Und er ist es, der dann im Leibe der Mutter sein Abbild schafft».[8] Als Urbild des menschlichen Leibes als eines Tempels der Götter sind aber diese Geistkeime für alle Menschen gleich.

Dieser Geistkeim verbindet sich dann im Moment der Konzeption mit den von Mutter und Vater zur Verfügung gestellten physischen Hüllen. In den ersten Wochen der Embryonalentwicklung zeigt sich daher auch zunächst eine für alle Menschen gleiche Entwicklung. Das heißt aber nicht, daß die geistig-seelische Individualität noch nicht mit dem physischen Geschehen verbunden wäre, sie greift nur noch nicht in dieses Geschehen ein. Die Individualisierung setzt dann ab der dritten Woche ein.

«Und dasjenige, was heruntersteigt, sich hinuntersenkt, ist im allgemeinen von Anfang an gebunden an das Ergebnis der Befruchtung. Durchaus ist es nicht so, daß erst nach einer gewissen Zeit irgendeine Individualität sich damit verbindet. Vom

Moment der Befruchtung an ist diese heruntersteigende Individualität mit dem Resultat der physischen Fortpflanzung zusammengehörig. Ausnahmen gibt es allerdings auch da. In den ersten Tagen nach der Befruchtung wirkt freilich diese geistige Individualität, die herunterkommt, noch nicht auf die Entwicklung des physischen Menschen ein, aber sie ist sozusagen dabei, sie ist schon mit dem sich entwickelnden Embryo verbunden. Das Eingreifen geschieht etwa vom 18., 19., 20. und 21. Tage an nach der Befruchtung; da arbeitet dann schon mit dem werdenden Menschen das, was heruntergestiegen ist aus einer höheren Welt.» Kurz vor diesem ca. 17. bis 21. Tag «geschieht etwas Ähnliches, wie wenn er (der Mensch) durch die Pforte des Todes geht. Da hat er einen Rückblick auf sein vergangenes Leben gehabt, jetzt hat er eine Art Vorschau, eine prophetische, auf das Leben, das er nun betreten will. Das ist sehr bedeutsam für ihn. Es geschieht in dem Augenblick, wo der Ätherleib sich eingliedert».[9]

Es kann also kein Zweifel sein: Wir haben es nach dem 17. bis 21. Tag etwa mit einem kompletten Menschenwesen zu tun, nicht anders als nach der Geburt. Die Inkarnation der höheren Wesensglieder hat begonnen und setzt sich ja auch im Laufe des Lebens weiter fort. Die Grundlagen des physischen Leibes sind gelegt, bedürfen zwar noch weiterer Ausgestaltung und Umbildung, aber auch das ist nur graduell unterschieden vom nachgeburtlichen Sein. Alle nach diesem Zeitpunkt (der für jede sich inkarnierende Individualität etwas unterschiedlich sein kann) einsetzenden Manipulationen betreffen also das ganze Menschenwesen, sind also Mord.

Die Manipulationen vor diesem Termin sind zwar nicht Mord an einem ganzheitlichen Menschenwesen, sie zerstören aber ein vorbereitendes Stadium, das eine Verbindung darstellt eines Pflanzenhaft-Lebendigen mit einem hohen Götterwerk, dem Urbild eines Menschenleibes, wie er als Ergebnis aller bisherigen Evolution entstand. Aus der Kenntnis dieser Zusammenhänge mag man sich ein Urteil über Abtreibungen auch in der Anfangsphase bilden.

Ganz anders gestalten sich allerdings die karmischen Verhältnisse, wenn es um eine sogenannte vitale Indikation zum Schutze der Mutter geht. So schrieb R. Steiner anläßlich einer diesbezüglichen Fragenbeantwortung: Dazu «ist zu sagen, daß beide Karmas zwar in kurzer Zeit in andere Bahnen gelenkt, aber bald wieder durch den Eigenverlauf in die entsprechende Richtung gebracht werden, so daß von dieser Seite von einem Eingreifen in das Karma kaum gesprochen werden kann. Dagegen findet ein starker Eingriff in das Karma des Operierenden statt».[10]

Welch ein Netz von Schicksalsverkettungen zwischen Ungeborenen, Müttern und unwissend-handelnden Ärzten gewoben wird, dürfte angesichts dieser Aussagen aus den Zahlen der weltweit überall vollzogenen Abtreibungen hervorgehen, die allein in den USA jährlich mit 1,2 Millionen, in der Bundesrepublik Deutschland mit 140 000 angegeben werden. «Jede Sekunde geschieht eine Abtreibung in der Welt», berechnete eine medizinische Zeitschrift 1980. Man empfinde nur wach genug die unerhörte Geschäftigkeit auf diesem Sektor – aber auch ihre Auswirkungen jenseits der Grenze unseres Bewußtseins!

Nicht weniger schicksalsträchtig sind die Tendenzen, die sich heute um den anderen Pol des menschlichen Lebens, das Sterben, abspielen. «Wir sind auf dem Weg in eine Welt der Alten. Doch es sieht nicht so aus, daß sie eine Welt der Weisen sein wird», so konnte man kürzlich im «Praxis-Kurier» vom 17. 7. 1985 lesen. Daneben sah man eine Karikaturzeichnung, auf der ein Managerbüro zu sehen war, in dem der Chef durch folgende Worte eine Art Umdenken in bezug auf die Aufgabenlosigkeit im Alter bekundet: «Ich bereite mich eine Stunde pro Tag auf die Pensionierung vor . . .». Ob damit der Altersweisheit der Weg gebahnt wird?

Tatsache ist, daß zwar die durchschnittliche Lebenserwartung in diesem Jahrhundert von 40 auf 72 Jahre gestiegen ist. Aber in diesen Zahlen ist nur ein Abstraktum erfaßt, das sogenannte Durchschnittsalter, was in bestimmtem Zusammenhang wichtig sein mag. Mehr Realität vermittelt die Aussage, daß die Zahl der

Ur-Alten rapide zunehme. So sei seit 1950 die Gruppe der 90- bis 95jährigen um 600 %, die der über 95jährigen sogar um 1500 % angestiegen – was in absoluten Zahlen ausgedrückt freilich nicht allzusehr ins Gewicht fällt, wohl aber eine deutliche Akzentverschiebung aufweist.

Das Problem des Altwerdens ist eng verknüpft mit dem des Sterbens. Obwohl die sogenannte «aktive Sterbehilfe» sich primär auf eine Abkürzung des Leidens unheilbar Kranker jeden Alters bezieht, liegt doch die Ausweitung dieser Aktivität gerade auf alte, hilflose Menschen sehr nahe. Ganz besonders sollten uns die angeblich ständig steigenden Mitgliedszahlen der «Deutschen Gesellschaft für Humanes Sterben» (DGHS) in diesem Zusammenhang zu denken geben. Hier wird der «Unwert des Lebens» und ein daraus abgeleiteter gewaltsamer Tod nicht vom sozialen Umkreis wie bei einigen früheren Kulturen oder von einer ideologisch unterbauten Diktatur (Ausleseprinzip) wie im Nazi-Regime, sondern vom weltanschaulich manipulierten Individuum selbst bestimmt. Gewiß mag das Schreckbild moderner Intensivstationen zu dieser Konsequenz beigetragen haben. Aber zum einen ist diese Art der Intensiv-Praktik bereits durch die öffentlichen Diskussionen gelockert, zum anderen besteht für jeden Menschen die Möglichkeit, sich vorsorglich vor einer nur biologischen Lebensverlängerung durch entsprechende Willenserklärungen zu schützen.

Das Anliegen der DGHS dürfte daher ein viel versteckteres sein. Sie möchte den Menschen zwingen, sich gerade in der letzten Stunde des Lebens der Weltanschauung des positivistischen Materialismus ganz zu verschreiben. In einer Welt, in der Lebensqualität nur materiellen Genuß bedeutet, kann der Tod nur noch akzeptiert werden als ein schnelles, plötzliches Ereignis, das möglichst keine «Belastungen» für den Betroffenen und für seine Umwelt mit sich bringt. In so «gezielten» Denkmotivationen wird auch der Suicid grundsätzlich akzeptiert, indem das Recht des Individuums, über Leben und Tod zu entscheiden, geltend gemacht wird. Die Lebenspraxis und mehr noch die ärztliche Erfahrung lehren aber gerade allzuoft, daß der Selbstmörder durch seine Kurzschlußhandlung einer Konfliktsituation ausweichen wollte, was er später, falls seine Tat nicht tödlich endete, oft bereut. Gewiß gibt es Ausnahmen. Immer aber erweist sich diese Tat als eine Schwäche, als Mangel an Durchhaltekraft, oft sogar als Folge gewisser krankhafter Veränderungen. Das Selbstbestimmungsrecht für eine Tat zu fordern, für die der Betreffende aus welchen Gründen auch immer nicht voll verantwortlich ist, heißt aber de facto, «diesen Menschen den Schutz vor ihrer eigenen krankheits- oder situationsbedingten Urteilslosigkeit zu rauben», so etwa formuliert es Prof. Dr. med. H. Schaefer.[11] Das trifft für den schwerkranken wie auch für den hilflosen Alten durchaus zu. Der Suicid ist keine Handlung, die aus Achtung vor der Lebensqualität entspringt, wie das behauptet wird, sondern eine Methode, die vielmehr dem Sterben – besonders dem Sterben alter Menschen – seine Qualität nimmt. Nicht anders als das Sterben der Tiere, die man wegen Krankheit oder Alter aus sogenannten humanitären Gründen «abtut».

Sollte der Kranke noch nicht selbst die «Einsicht» haben, sich so «davonzustehlen», wird mit dem Versuch einer Stimmungsmache nachgeholfen, indem unter Hinweis auf die Last, die der Schwerkranke für die Umwelt bedeutet, diese Einsicht und der Wille zum «Vollzug» geweckt und gestärkt wird. Wie aber, wenn diese proklamierten Ziele von den Mitgliedern dieses Vereins in der Stunde der Entscheidung ganz anders empfunden werden? Die bisher aus der Presse bekannten Fälle konsequenter «Haltung» mögen publizistisch frisiert oder aber nur Musterfälle ihrer weltanschaulichen Starrheit sein. Unsere ärztliche Erfahrung lehrt täglich, wie zuwendebedürftig gerade der Sterbende, auch der im Alter Sterbende ist, wie sehr er menschliche Nähe braucht, um in Würde «scheiden» zu können. Und wie mancher Sterbende hat erst in der konkreten Konfrontation mit dem Schwellenübergang seinem atheistischen Lebensstil eine Absage erteilt und Entschlüsse konträrer Art gefaßt bis hin zum Wunsch nach einem konfessionellen Begräbnis.

Wer also ist hier – im Widerspruch zu aller Erfahrung – am Werk? Eine Gesellschaft? Offenbar eine solche, die das Wesen der heutigen Zeit unverhüllt repräsentiert, sonst würde sie wohl nicht solchen «Erfolg» verbuchen können, wie ihn die schnell steigende Mitgliederzahl des DGHS beweist. Das Wesen unserer Zeit und eine seiner stärksten Ausprägungen dürfen aber in den Errungenschaften der Technik, wie sie die moderne Naturwissenschaft ermöglicht, erkannt werden. Diese ans Irdische fesselnde Einseitigkeit wurde eingangs bereits geschildert, ebenso die Tendenz ins Triebhaft-Illusionäre, die mit moralisch-ethischem Verfall verbunden ist. Für beide Tendenzen wird nun aber, so beschreibt es Rudolf Steiner in einem Vortrag[12], durch das Sterben der Menschen ein Ausgleich geschaffen:

«Dasjenige, was gegenwärtig noch eine Art Ausgleich schafft, das ist das Folgende. Wenn gegenwärtig ganz junge Menschen sterben, zum Beispiel Kinder, so haben diese Kinder – bei jungen Menschen ist es ebenso – eben in die Welt hereingeschaut; sie haben nicht voll das Dasein hier auf dem physischen Plane ausgelebt. Mit einem auf dem physischen Plane unausgelebten Leben kommen sie hinüber in die andere Welt, die zwischen dem Tode und einer neuen Geburt verlebt wird, so verlebt wird, wie ich es gestern geschildert habe. Dadurch, daß sie einen Teil nur des Erdenlebens gelebt haben, bringen sie etwas vom Erdenleben mit hinüber in die geistige Welt, das man nicht hinüberbringen kann, wenn man alt geworden ist. Man kommt anders in der geistigen Welt an, wenn man alt geworden ist, als wenn man jung stirbt. Wenn man jung stirbt, so hat man das Leben so durchlebt, daß man noch viele Kräfte in sich hat vom vorgeburtlichen Leben. Man hat als Kind und als junger Mensch das leibliche Leben so durchlebt, daß man darinnen noch viel von den Kräften in sich hat, die man vor der Geburt in der geistigen Welt hatte. Dadurch hat man eine innige Verbindung geschaffen zwischen dem Geistigen, das man mitgebracht hat, und dem Physischen, das man hier erlebt hat. Und durch diese innige Verbindung kann man etwas, was man auf der Erde erwirbt, in die geistige Welt mit hinübernehmen. Kinder oder sonst jung gestorbene Leute nehmen von dem Erdenleben etwas in die geistige Welt mit hinüber, was gar nicht mit hinübergenommen werden kann, wenn man als älterer Mensch stirbt. Das, was da mitgenommen wird, ist dann drüben in der geistigen Welt, und was da hinübergetragen wird durch Kinder und junge Leute, das gibt der geistigen Welt eine gewisse Schwere, die sie sonst nicht haben würde, derjenigen geistigen Welt, in der dann die Menschen gemeinsam drinnen leben, das gibt eine gewisse Schwere der geistigen Welt und verhindert die luziferischen Mächte[13], die geistige Welt ganz loszutrennen von der physischen.

Also denken Sie, auf welches riesige Geheimnis wir da blicken! Wenn Kinder und junge Leute sterben, so nehmen sie von hier etwas mit, wodurch sie die luziferischen Mächte verhindern an deren Bestreben, uns ganz loszulösen von dem Erdenleben. Das ist außerordentlich wichtig, daß man dies ins Auge faßt.

Wird man älter hier auf der Erde, so kann man in der geschilderten Weise den luziferischen Mächten die Rechnung noch nicht verderben; denn von einem gewissen Alter an hat man nicht mehr jene innige Verbindung zwischen dem, was man mitgebracht hat bei der Geburt und dem physischen Erdenleben. Ist man alt geworden, so löst sich diese innerliche Verbindung, und es tritt gerade das Umgekehrte ein. Von einem gewissen Lebensalter an träufeln wir in einer gewissen Weise dem innerhalb der physischen Erde befindlichen Geistigen unser eigenes Wesen ein. Wir machen die physische Erde geistiger als sie sonst wäre. Also von einem gewissen Alter an vergeistigen wir in einer gewissen Weise, die man nicht mit äußeren Sinnen wahrnehmen kann, die physische Erde. Wir tragen Geistiges in die physische Erde hinein, wie wir Physisches in die geistige Welt hinauftragen, wenn wir jung sterben; wir pressen gewissermaßen Geistiges aus, wenn wir alt werden, ich kann es nicht anders sagen. Das Altwerden besteht im geistigen Sinne von einem gewissen Aspekt aus darinnen, daß man Geistiges hier auf der Erde auspreßt. Dadurch wird wiederum die Rechnung des Ahriman[14] verhindert. Dadurch kann Ahriman nicht auf die Dauer heute schon so intensiv auf die Menschen wirken, daß völlig erlöschen könnte die Meinung, Ideale hätten doch eine gewisse Bedeutung.»

Gegen Krankheit im Alter, Leiden überhaupt, sofern keine Besserung zu erwarten ist, und gegen einen dem Menschen gemäßen Tod ist die DGHS in geschlossener Front angetreten. Wenn die Zahl ihrer Opfer auch längst nicht die des Nazi-Regimes erreicht, ihrer Formation gilt es dennoch wachsam entgegenzutreten. Der Existenz der an Zahl so rapid zunehmend Alten und Ur-Alten darf nicht nur unsere Zuwendung aus menschlicher und ärztlicher Sicht gewiß sein, ihre Daseinsberechtigung hat globale Dimension.

Als Gegengewicht gegen die Geistfeindlichkeit unserer Zeit und ihre dunklen Manipulationen stellen sie eine Art Geistesfront dar, für die es sich in der Tat lohnt, sich jeden Tag eine Stunde lang vorzubereiten. Diese Vorbereitung könnte auch dazu beitragen, daß Naturwissenschaft, Medizin und Geisteswissenschaften eben nicht mehr in ihrem «Trott» fortfahren wie bisher und weiter ihre dunklen Früchte treiben, sondern daß der Mensch im Denken, Fühlen und Wollen sich ins «Rechte» setzt, um damit auch die Beschränkung seiner Ansicht vom Leben als eines durch Geburt und Tod eingegrenzten zu überwinden. Das hierzu nötige Schlüsselwort, das die Tür zur Erkenntnis ihres wahren Stellenwerts aufschließen kann, ist das der Reinkarnation. Es «ist an der Zeit», daß die Manipulatoren um Geburt und Tod und ihre Betroffenen endlich ihr Blickfeld erweitern, die Realität des Menschen nach seiner physisch-leiblichen, seelischen *und* geistigen Gesamtwesenheit und in seinem Entwicklungsgang durch wiederholte Erdenleben zur Kenntnis nehmen und ihr Handeln daran orientieren.

Anmerkungen:

1 E. Chargaff: Das Feuer des Heraklit, 2. Aufl., Stuttgart 1980, S. 75 u. 219.
2 S. Rainer Dilloo: Atomtechnik – zu ihrem Verständnis – Besorgnisse. Merkblätter «Soziale Hygiene» Nr. 119, S 13. Verein f. erweitertes Heilwesen, Bad Liebenzell.
3 R. Steiner: Die Brücke zwischen der Weltgeistigkeit und dem Physischen des Menschen, GA Bibl. Nr. 202, Dornach 1980, Vortrag vom 28.11.1920, S. 51.

4 R. Steiner: Die Wissenschaft vom Werden des Menschen, GA Bibl. Nr. 183, Dornach 1967, Vortrag vom 19. 8. 1918, S. 53.
5 Gekürzt veröffentlicht in «Memopress», CH-8215 Hallau 1985.
6 Stuttgart 1985.
7 R. Steiner: Geistige Zusammenhänge in der Gestaltung des menschlichen Organismus, GA Bibl. Nr. 218, Dornach 1972, Vortrag vom 5. 11. 1922, S. 107.
8 R. Steiner: Menschenwesen, Menschenschicksal und Weltentwicklung, GA Bibl. Nr. 226, Dornach 1966, Vortrag vom 17. 5. 1923, S. 35 ff.
9 R. Steiner: Das Prinzip der spirituellen Ökonomie im Zusammenhang mit Wiederverkörperungsfragen, GA Bibl. Nr. 109, Dornach 1965, Vortrag vom 7. 6. 1909, S. 201 u. 196.
10 R. Steiner: Meditative Betrachtungen und Anleitungen zur Vertiefung der Heilkunst, GA Bibl. Nr. 316, Dornach 1980, Rundbrief vom 11. 3. 1924, S. 228.
11 In: Aktuelle Medizin, Nr.25, München 1985
12 R. Steiner: Die Wissenschaft vom Werden des Menschen, a.a.O. Vortrag vom 2. 9. 1918, S. 171 ff.
13 Mit den Namen «Luzifer» bezeichnet die Anthroposophie eine reale geistige Wesenheit, die den Menschen zur Triebhaftigkeit, zur moralischen Schwäche und zur Erdenflüchtigkeit verführen will. Im alten Testament tritt diese Macht im Bild der Schlange auf.
14 Mit dem Namen «Ahriman» bezeichnet die anthroposophische Geisteswissenschaft eine real-geistige Wesenheit, die insbesondere auf den Intellekt und seine Neigung zum Irrtum, auf die irdisch-verfestigenden Tendenzen des Menschen einwirkt und ihn damit ans Irdische fesseln will. Die persische Mythologie kennt «Ahriman» als das finstere Prinzip, das allem Licht entgegenwirken will. Im Neuen Testament taucht er in der Gestalt des Satans bei der Versuchung Christi auf dem Berge auf.

Sterben und Geborenwerden –
Grundlagen einer geistgemäßen Ethik

Von MICHAELA GLÖCKLER

Sterben und Geborenwerden sind Grenzerfahrungen des menschlichen Lebens.[1] Wie wir ihnen begegnen, wie wir Menschen begleiten, die sie erleben, hängt von unserer ethischen Grundhaltung ab. Dabei sei hier unter «ethisch» das verstanden, was in der griechischen Wortbedeutung liegt: ἦϑος = Charakter ἔϑος = Gewohnheit. Demnach wäre Ethik die Lehre vom menschlichen Charakter und vom Zustandekommen menschenwürdiger Gewohnheiten. In den vorangehenden Beiträgen ist bereits vieles geschildert worden, was zu einem Überprüfen und darüber hinaus zu einer Neubegründung der Ethik aus einem geistgemäßen Menschenverständnis heraus führen kann (vergl. besonders S. 26 ff., S. 53, S. 70 ff.). In diesem Beitrag wird der Versuch unternommen, die Begründung einer solchen Ethik als Problem des einzelnen Menschen darzustellen. Denn es sollen gerade auch die Hindernisse in Betracht gezogen werden, die dabei auftreten können.

Wolfgang Schad hat in seinem Beitrag bereits auf die zentrale Bedeutung der Motive hingewiesen, die die ethisch-moralische Wertung einer Tat bestimmen (S. 19). Es sei diese Tatsache noch einmal erläutert und zwar am Beispiel der vorgeburtlichen Diagnostik: In der 16. bis 18. Schwangerschaftswoche kann der Arzt durch Punktion der Fruchtblase ein wenig Fruchtwasser entnehmen und aus diesem Punktat eine Zellkultur anlegen, da sich im Fruchtwasser immer auch Amnionzellen befinden. Gelingt dies, so wachsen die Zellen in den folgenden Tagen und Wochen, und es besteht die Möglichkeit, ihr Wachstum in den verschiedenen Stadien der Zellteilung zu beobachten. Die Chromosomen können fotografiert, vergrößert, ausgemessen und analysiert werden. Auf diese Weise kann der Arzt schon lange vor der Geburt feststellen, ob das betreffende Kind eine an den Chromosomen ersichtliche Erbkrankheit hat. Biochemische Untersuchungen des Fruchtwassers erlauben auch die Diagnose einiger Stoffwechselerkrankungen, die ebenfalls mit schweren Behinderungen einhergehen. Das Risiko dieser Untersuchung besteht darin, daß 1 % der untersuchten Kinder dabei verstirbt. Es kann durch die Untersuchung eine Entzündung oder aber eine Fehlgeburt ausgelöst werden. Über dieses Risiko wird die Mutter selbstverständlich vor der Untersuchung aufgeklärt. Bei ihr liegt auch einzig und allein die Entscheidung, ob die Untersuchung durchgeführt werden soll oder nicht. Allerdings hat der Arzt die Pflicht, über die Möglichkeit der Fruchtwasseruntersuchung jede Frau aufzuklären, die aufgrund ihres Alters, oder weil Erbkrankheiten in der Familie vorkommen, unter dem besonderen Verdacht steht, ein mißgebildetes Kind zur Welt zu bringen. Wie weit diese Verpflichtung geht, ist an einem «Schauprozeß» deutlich geworden, der vor einiger Zeit durch die Zeitungen ging.

Ein Arzt hatte einer Frau im mittleren Lebensalter auf ihre Frage: «Muß ich nicht bei mir eine Fruchtwasseruntersuchung vornehmen lassen, ich bin doch schon 35 Jahre alt und schwanger. Besteht bei mir nicht das Risiko, daß ich ein mißgebildetes Kind zur Welt bringe?» geantwortet: «Sie haben doch schon vier gesunde Kinder, das brauchen sie nicht!» – Dann gebar diese Frau ein mongoloides Kind, und der Ehemann drang darauf, den Arzt zu verklagen. Er wurde schuldig gesprochen und zu lebenslanger Mehraufwandsentschädigung für dieses Kind verpflichtet, weil er einen «Kunstfehler» begangen und etwas unterlassen hatte, was heute zur ärztlichen Kunst gehört.

Mit welchen ethischen Grundhaltungen haben wir es hierbei zu tun? Welche Motive sind es, die den Arzt dazu bewegen, eine solche Untersuchung zu empfehlen oder von ihr abzuraten? Welche Motive sind es, die Eltern dazu bewegen, das Risiko einer solchen Untersuchung zu tragen? Welche Gründe gibt es, auf eine solche Untersuchung zu verzichten – auch wenn man besonders in der Gefahr steht, ein behindertes Kind zur Welt zu bringen?

Viele Fragen dieser Art tun sich auf. Von offizieller Seite wird als Motiv angegeben, daß es keiner Frau zuzumuten sei, unwissend ein mißgebildetes Kind auszutragen. Gefordert wird die freie Entscheidung der Eltern, ob sie ein gesundes oder ein krankes Kind haben wollen oder nicht. Dabei wird darauf hingewiesen, daß viele Frauen deswegen Empfängnisverhütung betreiben, weil sie Angst haben, ein mißgebildetes Kind zu bekommen. Seitdem es diese Untersuchung gäbe, würden wieder viel mehr Frauen den Mut zur Schwangerschaft aufbringen, was ja letztlich den Kindern zugute käme. Dabei falle das Risiko, daß jedes 100. Kind dabei zugrunde geht, nicht so sehr ins Gewicht.

Im krassen Gegensatz zu dieser Lehrmeinung, die sich in den gegenwärtigen Lehrbüchern der Humangenetik, der Kinder- und Frauenheilkunde findet, gibt es viele Frauen, die aus ganz bestimmten inneren Gründen darauf verzichten, eine solche vorgeburtliche Diagnostik vollziehen zu lassen – wenn nicht der Ehemann die Untersuchung doch fordert. Dann erfährt die Mutter vielleicht tatsächlich: Es ist ein Kind mit einer Chromosomenanomalie. Was aber sagt sie zu dem Gynäkologen? «Ich will das Kind unbedingt behalten!», und sie gefährdet durch diesen Entschluß vielleicht sogar ihre Ehe! – Es ist auch schon häufiger vorgekommen, daß eine Bekannte im Umkreis davon erfährt und sagt, daß sie das Kind zu sich nehmen würde. Wir erleben heute immer mehr adoptionswillige Eltern, die sich auch ein behindertes Kind wünschen.

Schon diese wenigen Andeutungen zeigen, wie selbstverständlich es uns Menschen der Gegenwart bereits geworden ist, über Grundfragen der Ethik und des Umgehens miteinander ganz individuell zu entscheiden. Seelsorge, Ärzte und der Staat haben bestenfalls nur noch beratende Funktion. Der einzelne Mensch möchte seine diesbezüglichen Entscheidungen kraft eigener Autonomie fällen, da er ja auch mit den Konsequenzen seines Handelns zu leben hat. Man kann auf diese Entwicklung mit außerordentlich großer Sorge hinblicken und über die Oberflächlichkeit und den Egoismus empört sein, die sich hinter vielen der vorgegebenen Motive zum Handeln verbergen. Andererseits liegt es ganz deutlich in der geistigen Entwicklung der Menschheit selbst begründet, daß sie den Weg durch Erkenntnis der Wahrheit hin zur Freiheit eingeschlagen hat, so wie dies im Johannes-Evangelium ausgesprochen ist: «Ihr werdet die Wahrheit erkennen, und die Wahrheit wird euch frei machen.»

Und genau hierdurch wird die Frage nach einer Ehtik aktuell, die dieser geistigen Entwicklung der Menschheit gemäß ist. Es wird auch deutlich, daß es sich bei einer solchen Ethik niemals um allgemein verbindliche Richtlinien handeln kann, die den einzelnen in seiner Entscheidung unfrei machen könnten. Vielmehr kann es sich nur um den Aufbau einer solchen ethischen Grundhaltung handeln, an deren Zustandekommen der einzelne Mensch selbst beteiligt ist bzw. hierbei die Führung übernimmt. Wer so am Aufbau seiner ethischen Grundhaltung der Welt gegenüber arbeitet, sieht sich vor zwei Probleme gestellt: Erstens das Problem der richtigen Beurteilung einer Sache, d. h. der Einsicht in den Zusammenhang – die Frage nach der Erkenntnis der Wahrheit. Zweitens das Problem, gemäß der so gewonnenen Einsicht im individuellen Einzelfall auch tatsächlich zu handeln.

Mit diesen beiden Problemen sind zugleich zwei Urbedürfnisse eines jeden Menschen angesprochen: Das Erkenntnisbedürfnis und der Wille zum Handeln. Beide Bedürfnisse treffen auf Widerstände in der menschlichen Natur. Das Erkenntnisbedürfnis trifft auf die vielen Irrtumsmöglichkeiten; in der Tatbereitschaft ist mit den vielen Formen des Egoismus zu ringen. Eine dem menschlichen Geiste gemäße Ethik hat sich mit diesen Widerständen auseinanderzusetzen. – Ich möchte versuchen, mit zwei kurz angedeuteten Geschichten mitten in diese Problematik hineinzuführen und dabei deutlich zu machen, daß der Irrtum und der Egoismus, kurz das Böse, etwas ist, was genauso wie das Erkenntnisbedürfnis und die Tatbereitschaft elementar zur menschlichen Natur und Wesenheit dazugehört. Bei der ersten Geschichte handelt es sich um Stefan Zweigs Erzählung «Die Augen des ewigen Bruders». Die zweite entstammt dem Alten Testament.

Die Auseinandersetzung mit dem Bösen

Virata, ein junger, großer indischer Feldherr, dient als erster Krieger seinem König. Es wird wieder einmal gekämpft, selbstverständlich siegreich, und am Abend geht der junge Feldherr über das Schlachtfeld und läßt diesen Tag noch einmal an sich vorüberziehen. Da sieht er unter den Feinden einen Gefallenen und erkennt an dessen starren, ihm aber wohlvertrauten Blick, daß er, ohne es zu wissen, seinen eigenen Bruder im Kampf getötet hat. Dieses Erkennen versetzt ihm einen solchen Schock, daß er seinen König um eine Gnade bittet: «Entlaßt mich aus dem Kriegsdienst, ich habe meinen Bruder getötet. Ich will hinfort keine Schuld mehr auf mich laden. Laß mich an deinem Hof etwas anderes tun.» Der König sagt: «Wenn du so moralisch bist, dann mache ich dich zu meinem obersten Richter.»

Er wird oberster Richter, und alle loben seine gerechten Urteile. Das Volk kommt von weither, um seinen Rat zu hören. Eines Tages muß er jemanden verurteilen, der um eines Mädchens willen gemordet hat. Er läßt ihn nicht hinrichten, sondern begnadigt ihn zu lebenslanger Haft. In regelmäßigen Abständen soll er ausgepeitscht werden, damit er sich klarmacht, daß er etwas Böses getan hat, aber er soll weiterleben und die Möglichkeit haben, seine innere Entwicklung fortzusetzen. Der verurteilte Mensch schaut ihn sehr finster an. Das läßt Virata nicht los, denn er hat den Eindruck, dieser Mensch ist nicht zufrieden mit seinem Spruch, so wie es die anderen stets waren. Er geht ihm in das Gefängnis nach und fragt: «Warum hast Du mich so finster angeschaut, was war an meinem Spruch nicht gerecht?» Und er hört: «Du bist unwissend und hast nie erlebt, was Du über mich verhängt hast. Sterben ist um vieles leichter, als hier in diesem unterirdischen Verlies ein unsäglich schweres Leben zu verbringen – und außerdem kanntest du die Motive meiner Tat nicht.» Er hatte gemordet, um zu verhindern, daß dieses Mädchen einem Mann vermählt wurde, den es nicht liebte, was in seinen Augen ein edles Motiv war.

Das Erlebnis schockiert Virata; er tauscht mit dem Gefangenen die Kleider und sagt: «Ich will an Deiner Stelle einen Monat die Strafe erleben und dann neu prüfen, ob mein Spruch gerecht war. Komm in einem Monat und hole mich hier wieder heraus.» Der Gefangene verspricht es, und die Tür fällt hinter ihm ins Schloß. Zunächst ist herrliche Ruhe, Virata meditiert, ist ganz begeistert. Das Auspeitschen kommt ihm wie Labsal vor für alle seine Sünden, die er begangen hat. Als die Wärterin ihm nachher Balsam in die Wunden gießt, erkennt er den Sinn alles Leidens. Am 19. Tag kommt ihm plötzlich der Gedanke, der Gefangene könnte nicht wiederkommen – und da ist es mit seiner Ruhe vorbei. Er fällt von einer Verzweiflung in die andere, seine Haare werden nicht nur grau, sondern weiß in diesen Tagen, er durchleidet alle Qualen des Zweifels. Als er durch die Erschöpfung wie in einen wohltätigen Schlaf versinken will, hört er das Poltern an der Tür. Der König erscheint mit großem Gefolge, ebenso der Verurteilte. Der Richter sagt ihm nur mit einem Wink, er solle gehen, selbstverständlich in Freiheit, und spricht zum König: «Richter sein, das kann ich nicht, denn dabei mache ich mich vielfältig schuldig.» Er erbittet sich die Gnade, in die Einöde gehen zu dürfen und ein Einsiedler zu werden, und der König willigt ein.

Er baut sich ein Hüttchen, lebt wie ein Heiliger und wird aus der Ferne hoch verehrt. Nur wenige Schüler läßt er zu, in einigem Abstand dürfen sie ihre Hütten bauen. Er scheint zur Ruhe zu kommen. Nach vielen Jahren macht er eines Tages einen Gang durch das Dorf um Hilfe zu erbitten für die Bestattung eines verstorbenen Einsiedler-Bruders. Die Leute fallen vor ihm auf den Boden, küssen den Saum seines Kleides, verehren ihn wie einen Heiligen. Nur am Ende des Dorfes schaut ihn eine Frau ganz finster an. Er muß diesem Blick nachgehen und fragen und erfährt durch sie: «Du, ein guter Mensch? Siehst Du hier dies sterbende Kind? Das ist das letzte meiner drei Kinder, die jetzt gestorben sind, die Hoffnung meiner Tage. Mein Mann, der auch heilig werden wollte, durch Dein Vorbild angeregt, hat uns verlassen und unsere ganze Familie zugrunde gerichtet. Du weißt ja überhaupt nicht, was Du tust!»

Wieder ist Virata im Innersten getroffen. Er geht abermals zum König und bittet ihn um eine letzte Gnade. Er will jetzt die königlichen Hunde füttern und bei ihnen im Hundezwinger leben. Da, hinter Gittern, bei den Tieren, ist er sicher, daß er *ohne Schuld* leben kann.

Es gibt heute zahlreiche Veröffentlichungen, beispielsweise das Buch von Roger Sperry «Naturwissenschaft und Wertentscheidung», in denen Wertsysteme und Normen darüber aufgestellt werden, was geforscht werden darf und was nicht. Zwar ist verständlich, daß so etwas gewollt wird, aber es löst das Problem nicht, denn das Problem sitzt heute in jedem einzelnen Menschen. Wir sind einfach menschheitsgeschichtlich aus der Epoche heraus, wo man, wie noch zu Aristoteles' Zeiten, die Menschen über die sozialen Einrichtungen zu erziehen versucht hat. Heute lassen wir uns das nicht mehr gefallen. Mit solchen Versuchen, immer irgendwelche «Gitter» zu bauen, um nur ja etwas Bestimmtes zu verhüten, drückt man sich um das wahre Problem herum. So etwas gelingt nur kurzfristig, irgendwann baut sich ein Machtkonflikt auf und zersprengt den Käfig, weil es in der menschlichen Natur liegt, daß die individuelle Auseinandersetzung mit dem Bösen nicht verhindert werden kann, wenn das Menschwerden gelingen soll.

Die zweite Geschichte, die dieses Problem von einer anderen Seite beleuchtet, ist die Erzählung von Hiob.

Von Hiob wird gesagt, daß er ein schlichter, gottesfürchtiger Mensch sei, auf den Gott Vater mit Recht stolz ist. Eines Tages, so wird erzählt, kommen die Gotteskinder vor seinen Thron, und interessanterweise ist unter den Gotteskindern völlig selbstverständlich auch Satan. Gott unterhält sich nicht nur mit den Gotteskindern, sondern auch mit Satan und sagt: «Hast Du eigentlich meinen Knecht Hiob schon einmal gesehen?» Satan sagt: «Ja, der fürchtet Dich.» – «Was heißt hier, er fürchtet mich?» – «Der weiß genau, warum er gut ist, denn Du hast ihn so mit Gütern gesegnet, daß er dumm wäre, wenn er Dich nicht ehren und fürchten würde, wenn Du ihn so segnest. Nimm ihm seine Güter weg, dann wirst Du schon merken, wie er über Dich spricht.» Da sagt der Herr: «Gut, nimm ihm alles weg, wir wollen sehen. Aber laß ihn am Leben.»

Hiob verliert sämtliche Güter und sagt darüber: «Der Herr hat's gegeben, der Herr hat's genommen, der Name des Herrn sei gelobt.» Die Gotteskinder und Satan kommen wieder zusammen. Gott Vater ist stolz auf Hiob. Aber Satan sagt: «Das war ja noch wenig, nimm ihm die Gesundheit.» Das heißt im Alten Testament viel, denn Krankheit war ein ganz deutliches Zeichen dafür, daß man bei Gott wegen Sünden in Ungnade gefallen war. Es geht so weit, daß selbst Hiobs Frau nichts mehr mit ihm zu tun haben will und an ihm irre wird, als er krank und mit Schwären bedeckt ist. Da sitzt Hiob nun und schabt sich mit einer Scherbe seine Wunden, weil es furchtbar juckt, und seine Frau sagt: «Jetzt fluch doch gegen Gott, sag Gott ab und stirb, ich kann das nicht mehr sehen!» Hiob aber bleibt bei seiner Treue. Dann kommen seine Freunde und sind entsetzt, als sie ihn sehen. Sie wollen ihn trösten, sieben Tage und sieben Nächte sitzen sie bei ihm auf der Erde und sagen nichts, um stumm mit ihm zu trauern und zu klagen. Und dann bricht aus Hiob die ganze Klage hervor: daß er eigentlich doch nicht verstehe, was mit ihm geschehen sei. Als er das äußert, fragen seine Freunde, ob er nicht doch irgendwo Schuld auf sich geladen hätte: «Weißt Du denn, ob Dein Knecht, dem Du viel Geld gegeben hast, auch Gutes mit dem Geld getan hat?» Es wird die soziale Sphäre, die Schuldverstrickung unter Menschen angesprochen. Aber Hiob weiß zu antworten: «Da waltet Gottes Gerechtigkeit. Selbst wenn ich so etwas getan habe, er wird es schon wieder ausgleichen.»

Am Schluß spricht dann der Sohn eines Freundes, ein Jüngling, einer, der aufgrund seines Alters eigentlich unter Juden noch gar nicht reden darf. Er macht Hiob auf etwas aufmerksam, das ihm bis dahin noch nicht zum Bewußtsein gekommen ist: «Merkst Du denn nicht, daß Deine Sünde darin besteht, daß Du glaubst, Du hättest keine?» Da werden Hiob die Augen geöffnet. Zuerst hört er Gott im Gewitter sprechen, dann sieht er ihn. Es kommt zu einem Zwiegespräch, wobei Hiob am Ende die Worte ausspricht: «Ich hatte von Dir zuvor mit Ohren gehört, aber nun hat mein Auge Dich gesehen. Ich spreche mich schuldig und tue Buße in Staub und Asche.»

Wenn man diesen Bericht aus dem Alten Testament als Bild auf sich wirken läßt, bekommt man den Eindruck, daß Hiob als ein Mensch geschildert wird, der wirklich so weit entwickelt ist, daß er persönlich keine Sünden im damaligen Sinne auf sich geladen hat. Auch bezüglich des Sozialen hat Hiob ein tiefes Vertrauen in die Folgerichtigkeit seines Schicksals. Aber eine ganz wesentliche Einsicht ist ihm verborgen geblieben: daß er nicht nur individueller Mensch ist, nicht nur einer Gesellschaft angehört, sondern daß er Angehöriger der ganzen Menschheit ist und daß diese Menschheit die Auseinandersetzung mit dem Bösen zu bestehen hat.

Was heißt das? Ich meine, daß hiermit an dasjenige gerührt wird, was im Alten Testament als Erbsünde beschrieben wird: die Tatsache nämlich, daß die Menschheit als Ganzes und dadurch auch jeder einzelne Mensch mit dem Stachel des Bösen durchsetzt ist, d. h. mit dem Bösen zu ringen hat – ganz unabhängig davon, ob der einzelne Mensch sich dies zum Bewußtsein bringen will oder nicht. Gerade heute begegnen einem immer wieder Menschen, die sich empören über die Umweltzerstörung, über die gelockerten Sitten, über die gewaltigen Kriegsarsenale in Ost und West und über vieles, vieles mehr. Wenn man sie reden hört, hat man den Eindruck: Wenn alle Menschen so wären wie sie, so gäbe es überhaupt keine Probleme. Sie selbst scheinen gut – nur die anderen sind Bösewichter. Eine solche Haltung kann einem auch im Gespräch begegnen, wenn man zum Beispiel als Anthroposoph so angesehen wird, als habe man die Wahrheit gepachtet. Als befähige die Anthroposophie den Menschen, wie von Bergeshöhen herab auf die Probleme der anderen zu schauen, «die eben noch nicht so weit sind» wie man selber. Diese Illusion, daß man sich als einzelner Mensch aus der gesamtmenschheitlichen Situation herauslösen könnte – als wäre nicht jedes menschheitliche Problem zugleich auch das eigene –, dieser furchtbare Irrtum verbirgt sich sowohl in der Hiob-

Geschichte als auch in der Erzählung von Stefan Zweig: «Die Augen des ewigen Bruders».

Die Fähigkeit zur »Identifikation« mit dem Bösen

Suchen wir vor diesem Hintergrund nach Grundlagen einer neuen, geistgemäßen Ethik, so muß uns bewußt werden, daß der Mensch sein Sein der Tatsache verdankt, daß die gesamte Welt um ihn herum so ist, wie sie ist; daß jeder Mensch nicht nur sich selbst, sondern alles den Umständen, den Bemühungen, den Auseinandersetzungen mit der Umgebung, ja, daß er sogar reifste Lebenseinsichten seinen Feinden verdankt durch das, was er an ihnen gelitten und dadurch gelernt hat.

Auch wenn ich keine Kinder habe, ist die Frage nach dem Schwangerschaftsabbruch *mein* Problem. Ich kann und muß mich hineinversetzen in die Motive, in die Argumente, die dazu führen. Ich muß so hineintauchen, wie es Goethe gemacht hat, der von sich sagte, daß er auch jede schlechte Neigung, jede Tendenz zum Bösen in sich auch gefunden habe.

Im »Faust« sind diese Erfahrungen in künstlerischer Verdichtung zu finden: In dem Moment, wo die eigentlich menschliche Entwicklung Fausts beginnt, wo er zu eigenständiger Erkenntnis der Wahrheit kommen will, da schließt er den Pakt mit dem Teufel. Ohne ihn könnte Faust sich nicht weiterentwickeln. Er will herausfinden, was «die Welt im Innersten zusammenhält». Da muß aber als erstes der Schleier vor der Illusion weggezogen werden, man könnte sich als ein nur «guter» Mensch, jenseits alles Bösen entwickeln.

Rudolf Steiner schildert in seinem Buch «Die Geheimwissenschaft im Umriß»[2] und in anderen Werken das Böse in der menschlichen Natur sehr genau. Und zwar trägt dieses Böse ein Doppelantlitz. Der in der Bibel Diabolos genannte Teufel, von Rudolf Steiner als das luziferische Prinzip in der Menschennatur geschildert, hat gerade dieses Ziel, den Menschen in der Illusion zu wiegen, als sei er selber moralisch gut und als lebe das Böse nur in den anderen Menschen bzw. irgendwo draußen in der Welt. Jede Eitelkeit, jede Selbstüberschätzung fällt in sein «Herrschaftsgebiet». Der biblische Satanas wird von Rudolf Steiner als das ahrimanische Prinzip beschrieben, das ebenfalls unmittelbar Anteil hat an der menschlichen Natur. Furcht, Zweifel an sich und der Welt, Sinnlosigkeitsgefühle, Bequemlichkeit und Machthunger sind Seeleneigenschaften, mit denen er den Menschen zu beherrschen versucht (vgl. auch S. 93 f.). Goethe kannte alle diese inneren Versuchungen und hatte eine Fähigkeit, die man als Pädagoge und als Arzt in hohem Maße von ihm lernen kann: Die Möglichkeit der Identifikation mit jeder noch so kleinen Alltagssituation. Auf alles konnte er mit Interesse blicken, alles liebevoll beschreiben, alles verstehen. Es gibt sicher keine menschliche Eigenschaft, die nicht irgendwo oder irgendwann seinen liebevoll verstehenden Blick erfahren hat. Erkennen und handeln entsprachen sich bei ihm in höchstem Maße. Ja, seine Art zu erkennen, war stets zugleich liebevolles Handeln, ein Beziehungaufnehmen, ein Verstehen. Wir erleben ja heute vielfach, teils aus eigener Erfahrung, teils aus dem Umgang mit anderen Menschen, daß es beispielsweise Eheprobleme gibt. Versuchen wir diese Schwierigkeiten zu durchdenken, so meinen wir oft: Es müßte eigentlich nur dies oder jenes getan werden, dann wäre alles in Ordnung. Solche Vorstellungen mögen richtig sein; sie haben nur einen Fehler: *sie stimmen nicht mit der Wirklichkeit überein!* In dem Moment, wo der einzelne meint, er könne die Wissenschaft, das Leben, persönliche und sachliche Fragen ohne weiteres beurteilen, ist dieser Mensch oft sehr erstaunt, daß beispielsweise junge Leute mit ihm nicht viel zu tun haben wollen. Mit Recht, denn sein Urteil stimmt nicht mit der Wirklichkeit überein. Woran liegt das? Es liegt dies daran, daß durch die Denkbetätigung Zusammenhänge deutlich werden, *Erkenntnisbegriffe* gebildet werden: für das Handeln aber sind *moralische Begriffe* nötig. Dieser moralische Begriff deckt sich nicht ohne weiteres mit dem Erkenntnisbegriff. Den Erkenntnisbegriff erwirbt sich der Mensch durch ein grundsätzliches Durchdenken der Zusammenhänge, d. h. durch sein Streben nach Wahrheit. Dieser Begriff ist ein allgemeiner, der für *alle* entsprechenden Zusammenhänge gilt. Aber der moralische Begriff kann nie in dieser allgemeinen Form angewendet werden.

Was ist damit gesagt? Die im Durchdenken gefundene Wahrheit beinhaltet nicht zwangsläufig das der Situation gemäße Handeln. Es kann eine Ansicht durchaus richtig sein und doch in einer bestimmten Situation nicht passen. Viele Menschen zum Beispiel sagen oft das Richtige – manchmal aber völlig deplaziert, weil bei ihnen zwar der Erkenntnisbegriff da ist, der dazugehörige moralische Begriff aber nicht.[3] Wie läßt sich das Motiv, d. h. der moralische Begriff als wegleitend für die Handlung im individuellen Einzelfall finden?

Wissen und Liebe

Diese Frage weist auf das Dilemma hin, in dem sich jeder Mensch befindet, der in bestimmten Situationen um Rat gefragt wird. Zum einen ist er aufgerufen, den der Situation angemessenen Erkenntnisbegriff zu finden, zum anderen gemeinsam mit dem Ratsuchenden den moralischen Begriff, d. h. das Motiv für das Handeln in dieser bestimmten Situation zu finden. Rudolf Steiner sagt in seinem Buch «Wie erlangt man Erkenntnisse der höheren Welten»[4]: «Was ich nicht liebe, kann sich mir nicht offenbaren.» Goethe spricht es ähnlich aus: «Man lernt nichts kennen als das, was man liebt.» Und hier wird auch deutlich, an welche Grundkraft des Menschen sowohl bei der Erkenntnissuche als auch bei der Suche nach den richtigen Motiven für das Handeln appelliert werden muß: An das wirkliche Interesse, d. h. die Liebe für den Gegenstand der Erkenntnis und auf der anderen Seite an die unmittelbare Liebe zur Tat, zur auszuführenden Handlung. Ich möchte an dieser Stelle daran erinnern, mit wie wenig Wissen über den atomaren Aufbau der Materie Wissenschaftler bereits eine Atombombe bauen konnten. Um ein

Ding oder ein Wesen zu beherrschen, muß man gar nicht soviel darüber wissen. Es genügen schon einige Knotenpunkte des Wissens, um Macht ausüben zu können. Um eine Sache jedoch in allen Einzelheiten zu verstehen, benötigen wir eine andere Art des Interesses und Wissens, der wir z. B. immer dann begegnen, wenn ein Mensch sich von einem anderen verstanden fühlt, d. h., sich geliebt weiß. In der Liebe erkennt man ja sogar gefühlsmäßig vom andern das, was man noch nicht versteht. Liebe ist tragende Motivation für das Erkennen und das Handeln. In ihr schließen sich der Erkenntnisbegriff und der moralische Begriff zur Einheit zusammen. Ein Vorgang, den Rudolf Steiner auch «Moralische Intuition» nennt. Wo sie herrscht, handelt es sich nicht mehr um bloßes Wissen, sondern um *Weisheit*. Weisheit ist nichts anderes als *Wissen und Liebe* zusammen oder eben wirkliches Verstehen, das immer zu einem der Situation angemessenen Handeln führt.

So schön ein solches Bemühen um echtes Verstehen ist, so schwer ist es auch. Schwer deshalb, weil im Menschen eben dieser zweifache Stachel des Bösen sitzt, der nur durch dessen Bewußtwerdung überwunden werden kann. Und dieses ist nicht leicht, weil die vorhin erwähnten beiden Teufel eines gemeinsam haben: Beide suggerieren dem Menschen ein falsches Bewußtsein seiner selbst. Der Diabolisch-Luziferische, der mehr im Gedankenleben herrscht, möchte den Menschen zu einer Art moralischen Automaten machen, der mit wenigen Meinungen und einigen grundmoralischen Leitlinien alles beurteilen kann, was an ihn herankommt und sich für *gut* hält. Der Satanisch-Ahrimanische dagegen, der mehr in der leibgebundenen Willensnatur des Menschen zu Hause ist, suggeriert ein ehrliches Gefühl in dem Sinn, daß der Mensch zu der Auffassung kommt, «ich bin so wie ich bin, ich kann letztlich ja doch nicht aus meiner Haut». Beide wollen nicht, daß der Mensch sich aus eigener Kraft entwickelt: Der erste indem er dem Menschen einredet, er sei schon gut und der zweite indem er dem Menschen bedeutet, er sei zu schwach dazu und letztlich ja doch von seiner Natur abhängig und im Gegensatz zu vielen anderen Menschen wenigstens ehrlich. Beide Einflüsse stärken auf unterschiedliche Art das menschliche Selbstbewußtsein: Das eine Mal fühlt man sich *gut*, das andere Mal *ehrlich*, und beides erscheint moralisch. Damit sind wir am Kern des Problems. Der Mensch merkt nicht, wie sich hinter dieser Ehrlichkeit und diesem Gut-sein-Wollen gerade der Egoismus verbirgt!

Auch viele *Tugenden*, die wir kennen, können diesem *Egoismus* frönen. Tatsächlich kommen wir im sozialen Leben weitaus bequemer zurecht, wenn wir z. B. *höflich* und mit allem zufrieden sind. Mir hat einmal eine Ehefrau berichtet: «Wissen Sie, ich weiß ganz genau, wie ich mich verhalten muß, damit bei uns zu Hause alles glatt geht.» Dennoch wurde deutlich, wie sehr sie darunter leidet, daß sie es nicht über sich bringt, mit ihrem Mann ganz ehrlich zu reden. – Die Tugend der *Geduld* wird im Sozialprestige ebenfalls hoch bewertet. In allen Fragebogen und psychologischen Tests, z. B. bei Mitarbeitereinstellungen, werden versteckt immer diese Eigenschaften getestet – weil sie sozial so brauchbar sind. Es ist auch eine gewisse *Gedankenkontrolle* nötig, um zu entscheiden, was zu sagen und was nicht zu sagen ist. Genauso ist es beim *Mut*: «Feiglinge» sind nirgendwo gefragt. Auch hinter *Selbstlosigkeit* oder *Mitleid* kann sich Egoismus verbergen. Es entspricht nicht einer geistgemäßen Ethik, wenn man aus Angst vor Widerspruch, vor dem Abgelehntwerden, sich den herrschenden Konditionen anpaßt und deshalb Tugenden durch Verhaltensbemühungen ausbildet. Eine geistgemäße Ethik muß vielmehr fragen: Wie komme ich zu dieser inneren Quelle, aus Liebe zu einem anderen Wesen oder einer Sache zu handeln und nicht, weil ich tugendhaft sein will oder muß?

Diese Frage läßt sich durch Beobachtung der kindlichen Entwicklung veranschaulichen. In der ersten Lebenszeit lernt das Kind, auf den eigenen Füßen zu stehen, zu sprechen; es hat zum ersten Mal das beglückende Erlebnis, daß es bis zu einem gewissen Grad ein eigenes gedankliches Innenleben hat und selbst-bewußt lebt. Diese Entwicklung kulminiert in dem Ereignis, daß die Kinder strahlend die Erlebnisse der vergangenen Jahre mit dem Wort «Ich» zusammenfassen.

Man kann im weiteren Verlauf der menschlichen Biographie von einer zweiten Geburt der eigenen Persönlichkeit sprechen. Sie findet statt, wenn der Mensch eines Tages die Frage nach dem eigenen Ich *neu* stellt. Das sind oft sehr krisenhafte Lebensaugenblicke. Aber sie sind auch zugleich die Geburtshelfer des «wahren Ich», das aus den «Eierschalen» des Egoismus geboren wird. Es ist die zweite Geburt, die jeder Mensch nur aus sich selbst hervorbringen kann. Sie findet nur statt, wenn wirklich das, was sich als Seelenleben gebildet hat, in dem sich jeder mehr oder weniger eingeschlossen fühlt, in der Auseinandersetzung und Lernbereitschaft mit der Welt aufbricht und man sich mit allen Konsequenzen ganz zu seinem Ich bekennt. In diesem Moment, wo die Liebe zu den selbst vollzogenen Lebensschritten wieder erwacht und man sein Schicksal annehmen kann – und nicht mehr mit ihm hadert –, werden ungeheure Kräfte frei, die völlig selbstverständlich in einen sozialen Zusammenhang hineingestellt werden können.

Dann kommt es dem Menschen auch ganz anders noch zugute, wenn er die erwähnten Tugenden schon erübt und liebgewonnen hat. In dem Augenblick nämlich, wo der Egoismus aufbricht, indem man ihn erkennt und als Wesensbestandteil annimmt, in dem Augenblick wird es einem völlig gleichgültig, ob das eigene Tun anerkannt wird oder nicht, weil man es einfach aus Neigung tut, verwandeln sich diese Tugenden in etwas anderes.

Was wird aus diesen Tugenden, wenn das zweite Ich geboren wird?[5] Aus der Höflichkeit wird der Herzenstakt, das taktvolle Abschätzen, aus der Zufriedenheit Gelassenheit, aus der Geduld Einsicht, aus der Gedankenkontrolle das Wahrheitsempfinden und schließlich aus dem Mut Erlösungkraft, aus der Verschwiegenheit meditative Kraft, aus der Großmut Liebe, aus der Devotion Opferkraft, aus der Ausdauer Treue und aus der Selbstlosigkeit Katharsis. Aus dem Mitleid, dem Mit-leben-können mit anderen, wird Freiheit; was ich innerlich liebevoll mitlebe, bedrängt mich nicht, sondern demgegenüber fühle ich mich frei. In diesem Sinne wäre dann auch der Weg zur Freiheit nur durch Erkenntnis der Wahrheit und Liebe zur Handlung möglich.

Die Ethik des Aristoteles und die heutige Ethik

Ich möchte an dieser Stelle noch einmal auf Aristoteles zurückkommen. Als Begründer der philosophischen Ethik hat er schon vor mehr als 2000 Jahren gesagt, daß die Ethik es nicht mit Wissen zu tun hat, das heißt mit Erkenntnis, sondern mit der Praxis, mit dem Tun. Für Aristoteles war die Ethik ein Teil der Staatskunst. Heute erschüttert es uns beispielsweise in der «Nikomachischen Ethik», daß zwar alles, was uns zum wahren Menschen macht, auch im christlichen Sinne, dort bereits angedeutet ist, aber dann der Punkt kommt, an dem wir enttäuscht werden, weil Aristoteles ausführt: «Diese Zusammenhänge müssen die obersten Männer im Staate wissen und danach die sozialen Zustände einrichten, damit durch Belohnung und Bestrafung die Menschen zu diesen Tugenden erzogen werden.» Tugenden entstehen für Aristoteles auf drei Wegen: Erstens durch Veranlagung, denn dem einen fällt es leichter als dem anderen, tugendhaft zu sein; zweitens durch Gewöhnung bei ständiger Wiederholung und drittens durch Einsicht – und diese haben eben nur die edelsten Männer im Staat. Das Volk wurde durch Veranlagung und Gewöhnung erzogen, während die Einsicht den Führern im Staate vorbehalten blieb.

Tugendhaft, das stimmt auch heute noch, wird man durch Nachahmung und Übung. Wie ein Kind seine Umwelt vorfindet, so wird es sich dieser angleichen. Nichts Menschliches erringen wir ohne Lernprozeß, ohne Anstrengung, ohne Gewöhnung. Haben wir etwas gelernt, so wird es Bestandteil unseres Charakters. Was wir gewöhnt sind, darüber denken wir nicht mehr viel nach; wir können zum Schluß dann kaum anders, als danach zu handeln.

Die Möglichkeit eigener Einsicht ist eine Fähigkeit anderer Art, die erst seit der Neuzeit immer mehr für den einzelnen Menschen herangereift und erst in unserem Jahrhundert ein globales Phänomen geworden ist. Aus diesem Grunde sind wir heute in der äußerst ernsten Situation, daß wirklich jeder einzelne sich aus eigener Einsicht die Grundlagen für die seinem individuellen Menschenwesen und seiner Erkenntnisfähigkeit angemessene Ethik zu entwickeln hat. Dazu gehört notwendig auch, daß jeder einzelne wirklich an Lebenseinsichten arbeitet und sich nicht damit zufrieden gibt, daß es heute Gesetze oder Verhaltensweisen gibt, die z. B. das Sterben erleichtern oder die das Geborenwerden manipulieren und damit legalisieren: Die Zeiten des Aristoteles, in denen die Tugend vom Staat oder anderen Einrichtungen bestimmt werden konnte, sind vorbei. Ich muß vielmehr lernen, aus meinen eigenen, von mir selbst erkannten Entwicklungsgesetzen heraus zu handeln. Wenn die Menschen diese Impulse ihres Werdens nicht begreifen, kann es sozial unter uns nicht menschlicher werden. Dies zu verstehen, tritt heute als Zeitforderung an uns heran.

Die Urbilder von Geburt und Tod

In diesen Bereich gehört es auch, daß wir uns um die tiefere Einsicht bemühen müssen, was eigentlich Geburt und Tod für den Menschen bedeuten. Im Neuen Testament gibt es hierzu zwei grundlegende Schilderungen: Das Geborenwerden und Sterben des Jesus-Christus. Urbild des Geborenwerdens: Verkündigung und Erwartung, Freude im Himmel und auf der Erde, Himmelsabschied, Erdenankunft. – Urbild des Sterbens: Die Erdenaufgabe ist erfüllt; der Tod ist lange vorbereitet worden durch die immer wiederkehrenden Worte «Meine Stunde ist noch nicht gekommen»; der Judasverrat, der die äußeren Bedingungen für das Sterben herbeiführt; der Schmerz der Zurückbleibenden; der Jubel, als die Jünger erkennen, daß der Tod die Verwandlung in einen geistigen Seinszustand bedeutet.

Der Tod stellt den Menschen vor die Frage nach dem Sinn eines Erdenlebens, er fordert das *Erkenntnisvermögen* heraus. Die Geburt erfüllt uns mit Erwartungen und appelliert an unsere *Tatbereitschaft* in Pflege und Erziehung. *Sterben* und *Geboren-*

werden sind so gesehen nicht nur Grenzerfahrungen menschlichen Lebens. Vielmehr erweisen sie sich selbst als den beiden Urbedürfnissen verwandt, diese gleichzeitig aufweckend: Das Erkennen und das Handeln.

Es sei noch eine Randbemerkung erlaubt. In meinen Augen ist es in Irrtum zu glauben, wir Ärzte könnten das Leben verlängern. Ärzte können mehr oder weniger schuldig werden, so wie andere Menschen im Leben, aber den Zeitpunkt des Todes setzt die Individualität selbst. Als Ärzte erleben wir immer wieder dieses Ringen um einen Menschen beim Einsatz aller nur denkbaren Wiederbelebungsmaßnahmen. Er kommt dennoch nicht in das Leben zurück. Seine «Stunde» war eben gekommen. Dagegen z. B. ein Fall auf der Neugeborenen-Intensivstation: Ein Kind ist geboren mit schweren Mißbildungen, und es wird beschlossen, es nicht weiter künstlich zu beatmen. Das Kind atmet jedoch weiter, es will leben! Ein anderes Kind stirbt in einer ähnlichen Situation, aber nicht sofort, sondern erst nach drei Wochen. Zur sogenannten Lebensverlängerung gehören immer beide Aktivitäten: Ärzte und Krankenpfleger, die alles daran setzen, die Bedingungen zur Erhaltung des Lebens zu schaffen und die Individualität, die von diesen bereitgestellten Bedingungen Gebrauch machen will.

Im Neuen Testament heißt es bezüglich des Judasverrats: «Es mußte geschehen, aber wehe durch wen es geschieht.» In diesem «Wehe» liegt keine Drohung – das wird oft mißverstanden –, sondern wirklich unser Menschenleid begründet, daß alles, was wir tun, *Folgen* hat, mit denen wir leben müssen. Je mehr wir diese Folgen bejahen, je mehr wir den Zusammenhang verstehen und die Folgen ins Positive wenden wollen, um so menschenwürdiger wird das Leben miteinander. Dabei sind es die Motive, die uns zu Handlungen treiben, die wir als mehr oder weniger menschenwürdig erleben. Diese Motive im Gespräch bewußt zu machen, und an ihrer Vermenschlichung zu arbeiten, ist Ziel einer geistgemäßen Ethik. Wirkliche Hilfe in schweren Lebenssituationen ist erst dann gegeben, wenn es gelingt, uns die Motive ins Bewußtsein zu heben, die als Triebfedern unserem Handeln zugrunde liegen. Gelingt dies, so geschieht noch mehr, als daß nur einem einzelnen geholfen wird. Denn wo aus Liebe zur Sache gehandelt wird, verändert sich die gesamte Atmosphäre um die betreffenden Menschen herum.

Die Liebe zur Tat

Wenn beispielsweise nur fünf Menschen so streben, dann ist die geistige Wirkung, die davon ausgeht, hundert- und tausendfach. Das geht tatsächlich, mathematisch gesprochen, nicht nach dem Additions-, sondern nach dem Multiplikationsprinzip vor sich. Als Beispiel können wir Goethe nehmen. Wie vielen Menschen hat dieser eine Geist das ganze Leben, die ganze innere Entwicklung bestimmt? Sicherlich Millionen mehr oder weniger stark. Das sind die Wirkungen, die von geistigen Bemühungen ausgehen. Wenn wir damit anfangen, Vertrauen in diese Wirkungen zu bekommen, dann ist die Zeit vorbei, in der wir angesichts der gegenwärtigen Weltzustände noch resignieren können. Dieses Resignierende, dieses «Wir-können-ja-nichts-machen», das sich heute oft ausbreitet, ist Zeichen einer nicht geistgemäßen Ethik!

Wenn wir uns mit den Taten und mit den Problemen, die in Ost und West vorhanden sind, nicht so identifizieren, als wären sie die unsrigen, so werden wir nicht die Kräfte und Einsichten entwickeln können, um diese Probleme überwinden zu helfen. Nur wenn die Krankheit erkannt wird, kann das Heilmittel gefunden werden. Wer die Krankheit ablehnt, kann sie nicht heilen.

Grundbedingung für eine heilsame neue Ethik wäre demnach, die Probleme der anderen Menschen, ja selbst die ganz großen Probleme der Völker untereinander in ihren prinzipiellen Ansätzen in der eigenen Seele aufzusuchen und an ihrer Lösung dort zu arbeiten. Geistgemäß wird diese Ethik sein, wenn der Mensch sein Erkenntnisbemühen der natürlichen und geistigen Weltgesetzlichkeit in gleicher Weise zuwendet und seine Handlungen aus dem Verstehen der Gesetze menschlicher Entwicklung entspringen.

Anmerkungen

1 Überarbeitete Fassung eines Vortrages im Rudolf-Steiner-Haus in Stuttgart, November 1985.
2 GA Bibl. Nr. 13, Dornach 1977^{26}.
3 Vgl. die ausführliche Darstellung R. Steiners in: «Die Philosophie der Freiheit».
4 GA Bibl. nr. 10, Dornach 1982^{23}.
5 Vgl. R. Steiners Darstellungen der sog. «Monatstugenden» in den «Anweisungen für eine esoterische Schulung» (GA 245).

Weiterführende Literatur

Dietrich Bauer, Max Hoffmeister, Hartmut Görg: Gespräche mit Ungeborenen. Kinder kündigen sich an. Stuttgart 1986.

Erich Blechschmidt: Sein und Werden. Die menschliche Frühentwicklung. Stuttgart 1982.

Arie Boogert: Beim Sterben von Kindern. Erfahrungen, Gedanken und Texte zum Rätsel des frühen Todes. Stuttgart 1986.

Werner Hassauer: Die Geburt der Individualität. Menschwerdung und moderne Geburtshilfe. Stuttgart 1984.

Max Hoffmeister: Die übersinnliche Vorbereitung der Inkarnation. Basel 1979.

Peter Petersen: Retortenbefruchtung und Verantwortung. Anthropologische, ethische und medizinische Aspekte neuerer Fruchtbarkeitstechnologien. Stuttgart 1985.

Ders.: Schwangerschaftsabbruch – unser Bewußtsein vom Tod im Leben. Tiefenpsychologische und anthropologische Aspekte der Verarbeitung. Stuttgart 1986.

Hermann Poppelbaum: Entwicklung, Vererbung und Abstammung. Dornach 1974[2].

Wolfgang Schad: Die Vorgeburtlichkeit des Menschen. Der Entwicklungsgedanke in der Embryologie. Stuttgart 1982.

Rudolf Steiner: Theosophie. Einführung in übersinnliche Welterkenntnis und Menschenbestimmung. GA Bibl. Nr. 9. Dornach 1978[30].

Ders.: Die Geheimwissenschaft im Umriß. GA Bibl. Nr. 13. Dornach 1977[26].

Ders.: Das Leben zwischen der Geburt und dem Tode als Spiegelung des Lebens zwischen Tod und neuer Geburt. Vortrag vom 2. Februar 1915 in: Gebete für Mütter und Kinder. Dornach 1980.

Ders.: Menschenwesen, Menschenschicksal und Welt-Entwicklung. Sieben Vorträge, Oslo 16.–21. 5. 1923. GA Bibl. Nr. 226. Dornach 1974[4].

Hugo S. Verbrugh: . . . Wiederkommen. Erfahrungen des Vorgeburtlichen und der Reinkarnationsgedanke. Stuttgart 1982.

Frits Wilmar: Vorgeburtliche Menschwerdung. Stuttgart 1979.

Über die Autoren:

Dr. med. Dr. phil. *Lore Deggeler* ist als praktizierende Ärztin für Allgemeinmedizin und Homöopathie in Konstanz tätig.

Dr. med. *Michaela Glöckler* arbeitet als Kinder- und Schulärztin am Gemeinschaftskrankenhaus in Herdecke und in der Rudolf-Steiner-Schule in Witten.

Dr. med. *Werner Hassauer* ist leitender Arzt der Gynäkologischen Abteilung am Gemeinschaftskrankenhaus Herdecke.

Dr. med. *Hans Müller-Wiedemann* ist als Heilpädagoge und Arzt in der Heimsonderschule Brachenreuthe tätig. Er ist langjähriger Mitarbeiter der Camphill-Bewegung.

Dr. med. *Peter Petersen* ist Psychotherapeut und Leiter des Arbeitsbereiches für Psychotherapie und Gynäkologische Psychosomatik an der Frauenklinik der Medizinischen Hochschule Hannover.

Wolfgang Schad studierte Naturwissenschaften und Pädagogik. Er ist Dozent am Seminar für Waldorfpädagogik in Stuttgart und Leiter der Pädagogischen Forschungsstelle beim Bund der Freien Waldorfschulen und des Freien Hochschulkollegs.

Zeichen der Zeit

1 Atomtechnik und Anthroposophie
Die Energiekrise als Prüfstein moralischer Verantwortlichkeit.
Von Stefan Leber.
Aus dem Inhalt: Die Energiekrise und ihr scheinbarer Ausweg / Von den Ursachen: Neuzeitliche Wissenschaftsmethode / Zerstörungskräfte aus alter Mysteriensicht / Von zu erstrebenden Bewußtseinszuständen und von technischen Zerrformen / Kernkräfte und Moralität / Zur Bildsprache der wirtschaftlichen Nutzung / «Was sagt Anthroposophie zur Kerntechnologie?»

2 Indiens Erbe – Illusion und Wirklichkeit heute
Von Heimo Rau
Aus dem Inhalt: Weltgegensätze zwischen Ost und West / Der Hinduismus als religiöses und soziales Phänomen / Indiens Erbe – Illusion und Wirklichkeit

3 Friedensfähigkeit durch Anthroposophie
Aus dem Inhalt: Vom inneren Kampffeld / Aggression und Frieden / Bewußtseinsstufen zum Frieden / Vom Geschichtsdrama des 20. Jahrhunderts / Die Idee der Wiederverkörperung

4 Arbeitslosigkeit
Aus dem Inhalt: Konkurrenzkampf und Arbeitslosigkeit / Die Akkumulation des Kapitals und der Arbeitswillige ohne Aufgabe / Arbeitslosigkeit und technischer Fortschritt / Jugendarbeitslosigkeit / Arbeitslosigkeit – Freiheit zur Arbeit

5 Assoziative Wirtschaft
Ein Weg zur sozialen Neugestaltung. Von Wolfgang Latrille
Aus dem Inhalt: Von der Einheit zur Dreigliederung / Das soziale Hauptgesetz / Ein neuer Begriff des Eigentums an den Produktionsmitteln und am Kapital / Die Ersetzung des Lohn- und Gehaltssystems durch ein Teilungsverhältnis / Die Assoziationen der Wirtschaft / Das Problem der Arbeitslosigkeit / Ein gesundes Geldwesen

6 Bildschirmtechnik und Bewußtseinsmanipulation
Von Rainer Patzlaff
Aus dem Inhalt: Bewußtsein im Umbruch / Menschliche und unmenschliche Intelligenz / Bildersehnsucht und ihre Perversion / Die Wirkungen des Bildschirms / Fernsehen und Meditation / Der Mensch als Kathodenstrahl-Marionette / Der Angriff auf das Ich. Die geheime Mission des Bösen

7 Mitteleuropa im Spannungsfeld der Gegenwart
Dokumentation des Wittener Kongresses vom November 1985
Aus dem Inhalt: Die Dreigliederung des sozialen Organismus / Bewußtseinswandel der modernen Menschheit / Völker und ihre Mission / Podiumsdiskussion / Mitteleuropas therapeutischer Auftrag / Von der Menschenwürde im Wirtschaftsleben / Der plastische Umstülpungsvorgang / Freies Geistesleben als Grundlage für eine soziale Erneuerung.

VERLAG FREIES GEISTESLEBEN

Familienleben

Selbstverwirklichung und Partnerschaft in der täglichen Praxis.
Herausgegeben von Gudrun Davy und Bons Voors. Aus dem Englischen von Hildegard Leiska. 320 Seiten, kartoniert, DM 28,–

«Ein großartiges Buch, vollgepackt mit Ideen, herzerfrischenden Erlebnissen und tiefgefühlten Wahrheiten aus der täglichen Erfahrung von Frauen der verschiedensten Temperamente, Nationalitäten und Berufe. Auch die Stimme des Mannes ist in dem klaren und aufrüttelnden Vorwort von John Davy zu hören. Auch die Stimme eines Vaters, der seinen Sohn alleine versorgt, bringt wesentliche Gesichtspunkte zu Fragen des Familienlebens. Was dieses Buch so wertvoll macht, ist nicht nur der Reichtum an Ideen und die erquickende Lebensnähe, sondern die philosophisch und menschlich ausgeloteten Tiefen der Leiden und Freuden von Vätern und Müttern in unserer Zeit. Und was mich am meisten erstaunt und beglückt, ist die völlige Abwesenheit von Hochmut oder Dogmatismus.» *Erziehungskunst*

HEINZ HERBERT SCHÖFFLER

Homöopathie

Ein sanfter Weg der Medizin. 56 Seiten, kartoniert, DM 12,–

OTTO WOLFF

Anthroposophisch orientierte Medizin und ihre Heilmittel

4. Auflage, 51 Seiten, kartoniert

HUGO S. VERBRUCH

... wiederkommen

Erfahrungen des Vorgeburtlichen und der Reinkarnationsgedanke.
Aus dem Holländischen von Gundel Fürniss. 156 Seiten, kartoniert

ALAN HOWARD

Sexualität im Lichte von Reinkarnation und Freiheit

Aus dem Englischen von Karin Blitz und Norbert Wengerek.
85 Seiten, kartoniert

Mit Kindern leben

Sozialhygienische Schriftenreihe Band 8
Zur Praxis der körperlichen und seelischen Gesundheitspflege. 3. Aufl., 277 Seiten, kartoniert

VERLAG FREIES GEISTESLEBEN